O LIVRO ORANGE

Dados Internacionais de Catalogação na Publicação (CIP)
(Câmara Brasileira do Livro, SP, Brasil)

Osho, 1931-1990.
　　O livro orange : meditações de Osho / tradução
Leonardo Freire. 9ª reimpressão da 1ª ed. rev. e ampl. –
São Paulo : Cultrix, 2004.

　　Título original: The orange book
　　Bibliografia.
　　ISBN 978-85-316-0235-1

1. Espiritualidade 2. Meditações 3. Osho – Ensinamentos
4. Vida espiritual I. Título.

04-5748　　　　　　　　　　　　　　　　　　　　　　　　CDD-299.93

Índices para catálogo sistemático:
1. Meditações : Osho : Filosofia mística : Religião 299.93

Osho

O LIVRO ORANGE

Meditações de Osho

Tradução
Leonardo Freire

Editora
Cultrix
SÃO PAULO

Título do original: *The Orange Book: Introduction into Osho Meditations.*

Copyright © 1980, 2003 Osho International Foundation, Suíça. www.osho.com
Copyrigth da edição brasileira © 1986 Editora Pensamento-Cultrix Ltda.

1ª edição 1986.
8ª reimpressão da 1ª ed. rev. e ampl. de 2004 – catalogação na fonte 2004.
14ª reimpressão 2021.

Todos os direitos reservados. Nenhuma parte deste livro pode ser reproduzida ou usada de qualquer forma ou por qualquer meio, eletrônico ou mecânico, inclusive fotocópias, gravações ou sistema de armazenamento em banco de dados, sem permissão por escrito, exceto nos casos de trechos curtos citados em resenhas críticas ou artigos de revistas.

Texto criado a partir de excertos selecionados dos arquivos dos trabalhos originais do autor.

OSHO é uma marca registrada da Osho International Foundation, usada com a devida permissão e licença.

Quaisquer fotos, imagens ou arte final de Osho, pertencentes à Osho International Foundation ou vinculadas a ela por copyright e fornecidas aos editores pela OIF, precisam de autorização da Osho Foundation International para seu uso.

OBSERVAÇÃO:
Qualquer estratégia ou ensinamento contido neste livro não tem a intenção de substituir os serviços de seu médico, psicoterapeuta ou psiquiatra, nem tem o propósito de oferecer alternativas a tratamentos terapêuticos profissionais, além de não oferecer diagnósticos ou tratamentos para nenhum problema médico ou psicológico específico. Antes de você começar qualquer exercício corporal intenso, que pode ser parte de algumas das meditações explicadas neste livro, consulte o seu médico.

Direitos de tradução para a língua portuguesa
adquiridos com exclusividade pela
EDITORA PENSAMENTO-CULTRIX LTDA.
Rua Dr. Mário Vicente, 368 — 04270-000 — São Paulo, SP
Fone: 2066-9000
E-mail: atendimento@editoracultrix.com.br
http://www.editoracultrix.com.br
que se reserva a propriedade literária desta tradução.

Sumário

A MAIOR ALEGRIA NA VIDA	7
AO AMANHECER — *Riso, movimento e catarse*	15
PELA MANHÃ — *Celebração, trabalho e divertimento*	31
À TARDE — *Sentar-se, olhar e escutar*	57
AO ANOITECER — *Chacoalho, dança e canto*	79
À NOITE — *Fantasia, prece e amor*	97
O ÚNICO CAMINHO	131
MÚSICAS PARA MEDITAÇÃO	132
SOBRE OSHO	134
OSHO INTERNATIONAL MEDITATION RESORT	135

A MAIOR ALEGRIA
NA VIDA

O primeiro ponto é saber o que é meditação. Tudo o mais é consequência. Não posso lhe dizer que você deveria praticar meditação; posso apenas lhe explicar o que ela é. Se você me entender, estará em meditação; não existe nenhum "deveria" relacionado a ela. Se você não me entender, não estará em meditação.

O QUE É MEDITAÇÃO?

Meditação é um estado de não mente, é um estado de pura consciência sem nenhum conteúdo. Em geral, sua consciência está exageradamente atulhada de lixo, como um espelho coberto de poeira. A mente é um tráfego constante: por ali pensamentos estão passando, desejos estão passando, lembranças estão passando, ambições estão passando — é um tráfego constante, dia após dia! Até mesmo quando você está dormindo, a mente está funcionando, está sonhando. Ela ainda está pensando, ainda está cercada de preocupações e ansiedades e se preparando para o dia seguinte; nos subterrâneos, uma preparação está em curso.

Esse é o estado de ausência de meditação. A meditação é justamente o oposto. Quando não há tráfego e os pensamentos cessam, nenhum pensamento passa, nenhum desejo se agita, você está absolutamente em silêncio — esse silêncio é meditação. E, nesse silêncio, a verdade é conhecida; nunca de outra maneira. Meditação é o estado da não mente.

Você não pode descobrir a meditação por meio da mente, porque a mente perpetuará a si mesma. Você só pode descobrir a meditação colocando a mente de lado, ficando sereno, indiferente, desidentificando-se dela; percebendo a mente fluir, mas sem se identificar com ela, sem achar que você é ela.

Meditação é a percepção de que você não é a mente. Quando a percepção fica cada vez mais profunda em você, muito lentamente, surgem alguns momentos — momentos de silêncio, momentos de espaço puro, momentos de transparência, momentos em que nada se agita em você e tudo fica sereno. Nesses momentos serenos, você saberá quem é você e conhecerá o mistério desta existência.

Chega um dia, um dia abençoado, em que a meditação se torna seu estado natural.

A mente não é natural, nunca se torna seu estado natural. Mas a meditação é um estado natural — o qual perdemos. Ela é o paraíso perdido, mas o paraíso pode ser recuperado. Olhe nos olhos de uma criança, olhe e perceberá imenso silêncio e inocência. Toda criança vem num estado meditativo, mas tem de ser iniciada nos caminhos da sociedade — ela precisa que lhe ensinem a pensar, a calcular, a raciocinar, a argumentar, a usar palavras, linguagem, conceitos. E, muito lentamente, ela perde contato com sua própria inocência. Fica contaminada, poluída pela sociedade; torna-se um mecanismo eficiente e deixa de ser humana.

Tudo o que você precisa é recuperar esse espaço. Você o conheceu antes; assim, quando pela primeira vez souber o que é meditação, você ficará surpreso — porque surgirá em você a forte impressão de que já a conhecia. E essa impressão é verdadeira: você a conheceu anteriormente, mas se esqueceu dela. O diamante está perdido num monte de lixo. Mas, se você conseguir desenterrá-lo, novamente encontrará o diamante — ele é seu.

Ele não está realmente perdido, foi apenas esquecido. Nascemos como meditadores e, depois, aprendemos os caminhos da mente. Mas nossa natureza verdadeira permanece oculta em algum lugar lá no fundo, como uma subcorrente. Qualquer dia, cavando um pouquinho, você descobrirá a fonte ainda fluindo, a fonte de águas límpidas. E a maior alegria na vida é encontrá-la.

MEDITAÇÃO NÃO É CONCENTRAÇÃO

Meditação não é concentração. Na concentração, há um eu se concentrando e um objeto no qual ele se concentra; existe uma dualidade. Na meditação, não há ninguém do lado de dentro e nada do lado de fora. Não se trata de concentração. Não há divisão entre o interior e o exterior. O interior flui para o exterior; o exterior flui para o interior. A demarcação, o limite e a fronteira deixam de existir. O dentro está fora, o fora está dentro; trata-se de uma consciência não dual.

A concentração é uma consciência dual; é por isso que ela leva ao cansaço; é por isso que, se você se concentrar durante 24 horas, precisa tirar umas férias para descansar. A concentração nunca pode se tornar a sua natureza. A meditação não cansa, não o esgota; ela pode estar presente nas 24 horas do dia — dia após dia, ano após ano. Ela pode se tornar eternidade. É, ela própria, um relaxamento.

A concentração é um ato, um ato da vontade. A meditação é um estado de ausência de vontade, um estado de inação. É relaxamento. A pessoa simplesmente se abandona em seu próprio ser, e esse ser é o mesmo de todos. Na concentração, a mente funciona a partir de uma resolução — você está fazendo algo. A concentração vem do passado. Na meditação, não existe uma resolução por trás. Você não está fazendo nada em particular; está simplesmente sendo. Ela não tem passado, não está contaminada pelo passado; não tem futuro, está livre de qualquer futuro. Ela é o que Lao Tzu chamou de *wei-wu-wei*, ação através da inação; é o que os mestres *zen* dizem: "Sentado em silêncio, sem fazer nada, a primavera vem e a grama cresce por si 'mesma'". Lembre-se: "por si mesma" — nada está sendo feito. Você não está puxando a grama para cima; a primavera vem e a grama cresce por si mesma. Esse estado — no qual você permite que a vida siga seu próprio curso sem querer direcioná-la, sem querer controlá-la, sem querer manipulá-la, sem lhe impor nenhuma disciplina –, esse estado de pura espontaneidade indisciplinada é meditação.

A meditação está no presente, no puro presente; meditação é imediação. Você não pode meditar, você pode estar em meditação. Você não pode estar em concentração, mas pode se concentrar. A concentração é humana; a meditação é divina.

A ESCOLHA DE UMA MEDITAÇÃO

Desde o início, encontre algo que lhe agrade.

A meditação não deve ser um esforço imposto. Se ela for imposta, estará condenada desde o princípio. Uma coisa imposta nunca o tornará natural. Não há necessidade de criar um conflito desnecessário. Isso precisa ser entendido, porque a mente tem uma capacidade natural para meditar quando você lhe dá objetos que sejam atraentes para ela.

Se você tem mais ligação com o corpo, existem maneiras de chegar a Deus por meio do corpo, porque o corpo também pertence a Deus. Se você sentir que tem mais ligação com o coração, então ore. Se você sentir que tem mais ligação com a inteligência, então medite.

Mas, de certa maneira, minhas meditações são diferentes. Procurei criar métodos que possam ser usados por esses três tipos de pessoa. Muito do corpo é usado neles, e também muito do coração e da inteligência. Todos os três se juntam e funcionam de maneira diferente para cada pessoa.

A maior alegria na vida

Corpo, coração, mente — todas as minhas meditações percorrem o mesmo caminho. Elas começam no corpo, passam pelo coração, chegam à mente e depois vão além.

Lembre-se sempre: tudo o que você gosta pode penetrar fundo em você, e somente o que você gosta pode penetrar fundo em você. Gostar de alguma coisa simplesmente significa que ela se ajusta a você. O ritmo dela entra em sintonia com você; acontece uma harmonia sutil entre você e o método. E, ao gostar de um método, não seja avarento; aprofunde-se nele tanto quanto puder. Você pode praticá-lo uma vez ou, se possível, duas vezes ao dia. Quanto mais você praticar, mais gostará dele. Abandone um método somente quando a alegria de praticá-lo tiver desaparecido; então, a função dele terminou. Procure outro método. Nenhum método pode acompanhá-lo do começo ao fim... Na jornada, você precisará mudar muitas vezes de trem. O método o leva até determinado estado e, ultrapassado esse estado, ele não serve mais; está esgotado.

Assim, dois pontos precisam ser lembrados: ao apreciar um método, aprofunde-se nele o máximo possível, mas não faça dele um vício porque, um dia, você também precisará abandoná-lo. Se você ficar viciado, então ele será como uma droga; você não conseguirá largá-lo. Você não gostará mais dele — ele não estará lhe proporcionando mais nada –, mas terá se tornado um hábito. Você poderá continuar com o método, mas estará se movendo em círculos; ele não poderá levá-lo além.

Dessa maneira, deixe que o prazer seja o critério. Se há prazer, continue, siga em frente até a última gota de prazer. Ele precisa ser totalmente aproveitado; nenhuma seiva deve ser deixada para trás... nem mesmo uma única gota. E, então, seja capaz de abandoná-lo. Escolha outro método que novamente proporcione prazer. A pessoa precisa mudar muitas vezes. Isso varia de acordo com a pessoa, mas é muito raro um único método funcionar por toda a jornada.

Não há necessidade de fazer muitas meditações, pois você poderá acabar fazendo práticas que se confundem, que se contradizem, e sofrerá com isso.

Escolha duas meditações e persista em praticá-las. Na verdade, eu gostaria que você escolhesse uma só; seria o mais indicado. É melhor repetir muitas vezes uma que combina com você. Então ela irá cada vez mais fundo. Se você tentar muitas coisas diferentes — um dia uma coisa, outro dia outra —, inventar a sua própria, poderá criar muita confusão. No livro do Tantra existem 112 meditações. Você pode enlouquecer; você já está louco!

As meditações não são brincadeiras; algumas vezes elas podem ser perigosas. Você está jogando com um mecanismo sutil da mente, muito sutil. Às vezes uma coisinha que você não estava ciente de que estava fazendo, pode se tornar perigosa. Assim, não tente inventar nada nem faça da sua meditação uma miscelânea. Escolha duas e experimente-as por algumas semanas.

Quando falo para meditar, sei que ninguém chega lá por meio da meditação; mas, por meio dela, você chega ao ponto em que nenhuma meditação é possível.

A CRIAÇÃO DE UM ESPAÇO PARA MEDITAÇÃO

Se você puder criar um lugar especial — um pequeno templo ou um recanto da sua casa onde possa meditar todos os dias –, então não o use para nenhum outro propósito, porque todo propósito tem sua própria vibração. Use esse recanto somente para a meditação e nada mais. Então ele ficará preparado e esperará por você todos os dias. Ele o ajudará, o ambiente criará uma vibração particular, uma atmosfera particular na qual você poderá se aprofundar cada vez mais facilmente. É por isso que se criam templos, igrejas e mesquitas — apenas para se ter um lugar somente para a prece e para a meditação.

Se você puder escolher um horário regular para meditar, isso também será de grande ajuda, porque seu corpo e sua mente são um mecanismo. Se você almoçar todos os dias num horário determinado, seu corpo começará a exigir comida nesse horário. Às vezes você pode até se enganar... se você almoça ao meio-dia, e o relógio estiver indicando meio-dia, você ficará com fome — mesmo se o relógio estiver errado e for somente onze horas. Você olha o relógio e ele indica meio-dia; de repente você fica com fome. Seu corpo é um mecanismo.

Sua mente também é um mecanismo. Medite todos os dias num mesmo local, à mesma hora, você criará a "fome" por meditação em seu corpo e em sua mente. Todos os dias, naquele horário determinado, seu corpo e sua mente pedirão para entrar em meditação. Isso ajudará; será criado um espaço em você que se tornará uma fome, uma sede.

No início, isso é muito bom, a menos que você chegue ao ponto em que a meditação se torne natural e você possa meditar em qualquer lugar e em qualquer horário — até então, utilize esses recursos mecânicos do corpo e da mente como auxílio.

Isso proporciona a você um clima: você apaga as luzes, acende um certo incenso no quarto, usa certas roupas, consegue uma certa elevação, uma certa suavidade, tem um certo tipo de tapete, uma certa postura. Tudo isso ajuda, mas não causa a meditação. Se outra pessoa fizer o mesmo, isso poderá se tornar um obstáculo. Cada um precisa encontrar seu próprio ritual. O ritual é simplesmente para auxiliá-lo a ficar à vontade e a esperar. E, quando você está à vontade e à espera, acontece; como no sono, Deus vem até você; como no amor, Deus vem até você. Você não pode desejar, não pode forçar.

A meditação é uma chave que abre a porta do mistério da existência.

SEJA SOLTO E NATURAL

Você pode ficar obcecado pela meditação. E a obsessão é o problema: você estava obcecado por dinheiro e agora está obcecado pela meditação. O dinheiro não é o problema; a obsessão é que é. Você estava obcecado pelos negócios, agora está obcecado por Deus. Os negócios não são o problema, a obsessão é. Você precisa ser solto e natural, e não obcecado por algo, nem pela mente nem pela meditação. Somente então, sem estar ocupado, sem estar obcecado, quando você estiver simplesmente fluindo, o supremo acontecerá a você.

AO AMANHECER

RISO, MOVIMENTO E CATARSE

Todas as meditações são maneiras sutis de embriagá-lo, de deixá-lo embriagado do divino.

O primeiro passo é rir, porque isso estabelece o curso do seu dia inteiro. Se você acordar rindo, logo começará a sentir como a vida é absurda. Nada é sério — até mesmo as suas decepções são dignas de riso, até mesmo sua dor é digna de riso, até mesmo você é digno de riso.

MEDITAÇÃO DO RISO

Todas as manhãs, ao acordar, antes de abrir os olhos, espreguice-se como um gato, alongando cada músculo do corpo. Depois de três ou quatro minutos, com os olhos ainda fechados, comece a rir. Durante cinco minutos, apenas ria. No início você forçará o riso, mas logo os sons de suas tentativas desencadearão uma risada de verdade. Ria para valer. Poderá levar vários dias até que a risada realmente aconteça, pois não estamos acostumados com esse fenômeno. Mas, passado algum tempo, ela será espontânea e mudará toda a natureza do seu dia.

A meditação é um remédio, o único remédio. Assim, esqueça-se de seus problemas e apenas entre em meditação.

Para aqueles que têm dificuldade em rir a valer ou que sentem que seu riso é falso, Osho sugeriu esta técnica simples:

Cedo pela manhã, antes de você comer alguma coisa, beba aproximadamente um litro d'água — morna e com sal. Não pare até acabar de beber e faça isso rapidamente; do contrário, não conseguirá beber muito. Depois, incline-se para a frente e gargareje, para que você regurgite a água ingerida. Será um vômito de água — e isso limpará a sua passagem. Nada mais é necessário; há um bloqueio nessa passagem, e toda vez que você quer rir, ele a interrompe.

No yoga, esse é um procedimento que se precisa seguir; chama-se "purificação necessária". Ele promove uma purificação profunda e proporciona uma passagem muito limpa — todos os bloqueios se dissipam. Você apreciará isso e sentirá essa limpeza durante todo o dia. A risada, as lágrimas e até mesmo a sua fala virão do seu centro mais profundo.

Faça isso por dez dias e terá a risada mais gostosa da região!

MEDITAÇÃO DA LUZ DOURADA

Este é um método simples de transformar a sua energia e de elevá-la. O processo deve ser feito pelo menos duas vezes ao dia.

O melhor horário é cedo pela manhã, logo antes de você sair da cama. No momento em que você sentir que está alerta, desperto, pratique-a durante vinte minutos, ali mesmo, imediatamente, porque, quando você está saindo do sono, está muito delicado, receptivo. Quando está saindo do sono, está revitalizado e o impacto será muito profundo. Quando acaba de acordar, você está menos na mente do que costuma ficar; por isso há alguns intervalos pelos quais o método penetrará no seu âmago mais profundo. E, cedo pela manhã, quando você está despertando e a terra inteira está despertando, há uma grande maré de energia estimulante por todo o mundo — use essa maré, não perca essa oportunidade.

Todas as religiões antigas costumavam orar cedo pela manhã, quando o sol nasce, porque o nascer do sol é o nascer de todas as energias da existência. Nesse momento, você pode simplesmente pegar uma carona na onda de energia que se avoluma; será mais fácil. Ao anoitecer será difícil; a energia estará recuando; então, você estaria lutando contra a corrente. Pela manhã, você estará indo com a corrente.

Você simplesmente continua deitado, de costas, mantendo os olhos fechados. Ao inspirar, visualize uma intensa luz entrando em seu corpo através da cabeça, como se o sol estivesse nascendo bem próximo dela. Imagine que você é oco e que a luz dourada está se derramando em sua cabeça, entrando cada vez mais fundo e saindo pelos dedos dos pés. Visualize isso ao inspirar. Essa luz dourada será benéfica; ela purificará todo o seu corpo e o deixará repleto de criatividade. Essa é a energia masculina.

E, ao expirar, visualize uma outra coisa: a escuridão entrando pelos dedos dos pés, um grande rio escuro entrando pelos dedos dos pés, subindo e saindo pela sua cabeça. Mantenha uma respiração profunda e lenta, para que possa visualizar. Essa é a energia feminina. Ela o aquietará, o deixará receptivo, o acalmará e o fará repousar. Prossiga muito lentamente; ao sair do sono, você pode ter uma respiração muito profunda e lenta, porque o corpo está descansado, relaxado.

O segundo melhor horário é quando você estiver voltando a cair no sono, à noite. Deite-se na cama e relaxe por alguns minutos. Quando você começar a sentir que agora está oscilando entre o sono e a vigília, exatamente nesse ponto comece novamente o processo. Faça isso durante vinte minutos. O melhor é você adormecer fazendo isso, porque o impacto permanecerá no subconsciente e continuará operando.

Se você praticar esse método simples por três meses, ficará surpreso — não há necessidade de reprimir, a transformação começou a acontecer.

ESPERA PELO NASCER DO SOL

Quinze minutos antes do nascer do sol, quando o céu estiver clareando, observe e espere como se espera a pessoa amada: muito nervoso, em uma profunda expectativa, muito esperançoso e excitado — e, ainda assim, silencioso. E, quando o sol nascer, continue a observar. Não há necessidade de fixar a vista; você pode piscar os olhos. Tenha a sensação de que, dentro de você, alguma coisa também está nascendo ao mesmo tempo.

Quando o sol despontar no horizonte, comece a sentir que ele está próximo do seu umbigo. Ele se ergue no horizonte; e, aqui, dentro do umbigo, ele também se ergue, lentamente. O sol está se erguendo ao longe; e, aqui, um ponto interior de luz também está se erguendo. Dez minutos serão suficientes, e depois feche os olhos. Quando você fita o sol com os olhos abertos, ele cria um negativo; assim, quando você fecha os olhos, pode ver o sol ofuscando dentro de você. Isso irá transformá-lo imensamente.

LOUVOR AO SOL NASCENTE

Levante-se às cinco horas, antes do sol nascer, e por meia hora simplesmente cante, sussurre, murmure sons. Esses sons não precisam ter significado; eles precisam ser existenciais, mas não com significados. Você deveria gostar deles, e isso é tudo — esse é o significado. Balance o corpo e deixe que isso seja um louvor ao sol nascente. Pare apenas quando o sol já tiver nascido.

Isso dará um certo ritmo a você durante todo o dia. Você ficará sintonizado desde a manhã e perceberá que o dia tem uma qualidade diferente; você fica mais amoroso, mais carinhoso, mais compassivo, mais amigável — menos violento, menos raivoso, menos ambicioso, menos egocêntrico.

Eis toda a arte da meditação: estar profundamente na ação, deixar de lado o pensamento e fazer com que a energia canalizada para o pensamento se desvie para a percepção.

CAMINHAR, CORRER E NADAR

É natural e fácil ficar alerta enquanto você está em movimento. Quando você está apenas sentado em silêncio, o natural é cair no sono; quando você está deitado na cama, é muito difícil ficar alerta, pois toda a situação o ajuda a cair no sono. Mas, em movimento, naturalmente você não pode cair no sono; você age de maneira mais alerta. O único problema é que o movimento pode se tornar mecânico.

Aprenda a fundir seu corpo, sua mente e sua alma. Descubra maneiras pelas quais você possa agir como uma unidade.

Isso acontece muitas vezes com os corredores. Você poderia não pensar na corrida como uma meditação, mas, às vezes, os corredores sentem uma tremenda experiência de meditação. E eles ficam surpresos, porque não a estavam buscando — quem imagina que um corredor vá ter uma experiência de Deus? Mas isso acontece. E agora, cada vez mais, a corrida está se tornando um novo tipo de meditação.

Ela pode acontecer enquanto a pessoa está correndo. Se você já foi um corredor, se desfrutou de uma corrida cedo pela manhã, quando o ar estava fresco e renovado e o mundo inteiro saindo do sono, despertando — você estava correndo e seu corpo estava funcionando muito bem, o ar fresco, o mundo nascendo novamente da escuridão da noite, tudo cantando à volta, você se sentindo vivo... Chega um momento em que o corredor desaparece e permanece somente o correr. O corpo, a mente e a alma começam a funcionar juntos: repentinamente um orgasmo interior acontece.

Os corredores às vezes chegam acidentalmente à experiência do quarto estado, *turiya*, embora a percam facilmente — eles acham que desfrutaram o momento apenas devido à corrida: era um dia bonito, o corpo estava em forma, o mundo estava lindo e aquilo foi apenas um determinado estado de ânimo. Eles não prestam atenção na experiência — mas, se prestassem atenção nela, já observei que um corredor poderia se aproximar da meditação mais facilmente do que qualquer outra pessoa.

Caminhar pode ajudar muito, nadar pode ajudar muito. Todas essas coisas precisam ser transformadas em meditações.

Abandone as velhas ideias sobre meditação: apenas sentar-se sob uma árvore numa postura de yoga é meditação. Essa é apenas uma das maneiras, e pode ser adequada para algumas pessoas, mas não para todas. Para uma criança, ela não é meditação; é tortura. Para um jovem cheio de vida e vibração, é repressão, não é meditação.

Comece a correr pela manhã. Inicie com meio quilômetro, depois passe para um, até chegar pelo menos aos quatro quilômetros. Enquanto estiver correndo, use todo o corpo; não corra como se estivesse numa camisa de força. Corra como uma criança, usando todo o corpo — mãos e pés –, e siga em frente, respirando fundo a partir do abdômen. Depois, sente-se sob uma árvore, descanse, transpire e sinta a brisa fresca; sinta-se tranquilo. Isso ajudará profundamente.

De vez em quando, simplesmente pise descalço na terra e sinta o frescor, a suavidade, o calor... Tudo o que a terra estiver disposta a dar naquele momento, sinta e deixe que isso flua através de você. E deixe que a sua energia flua para a terra. Fique ligado com a terra.

Se você estiver ligado à terra, estará ligado à vida; se estiver ligado à terra, estará ligado ao seu corpo; se estiver ligado à terra, ficará muito sensível e centrado — e isso é necessário.

Nunca vire um perito em corridas; continue sendo um amador, para que possa manter o estado de alerta. Se você sentir que a corrida ficou automática, não a pratique mais; experimente nadar. Se isso também ficar automático, então dance. O que é preciso lembrar é que o movimento é apenas uma situação para desencadear a percepção. Ele é bom enquanto desencadear a percepção. Se ele parar de desencadeá-la, deixará de ser útil; então passe para outro movimento em que você precisará ficar novamente alerta. Nunca deixe que nenhuma atividade fique automática.

A mente é um espinho e todas as técnicas são espinhos para arrancar esse primeiro espinho.

"CRIEI UM MEIO"

A mente é muito séria e a meditação não tem nada de séria. Ao ouvir isso, você pode ficar confuso, pois as pessoas insistem em falar sobre meditação de uma maneira muito séria. Mas a meditação não é séria. Ela é como uma diversão — nada séria. Sincera, mas nada séria. Ela não é como o trabalho; é mais como uma diversão. A diversão não é uma atividade. Até mesmo quando é ativa, não é uma atividade. Diversão é apenas prazer. A atividade não se dirige a lugar nenhum, não é motivada. Ao contrário, ela é pura energia fluente.

Mas é difícil, porque estamos envolvidos demais com as atividades. Sempre fomos tão ativos que a atividade se tornou uma obsessão profundamente enraizada. Somos ativos até mesmo enquanto estamos dormindo; somos ativos até mesmo enquanto estamos pensando sobre relaxamento; fazemos até mesmo do relaxamento uma atividade; fazemos esforço para relaxar. Isso é absurdo, mas acontece por causa dos hábitos robotizados da mente.

Então, o que fazer? Somente a ausência de atividade leva você ao seu centro interior, mas a mente não pode imaginar como não ser ativa. Então, o que fazer?

Criei um meio e esse meio é estar tão extremamente ativo que a atividade simplesmente cessa, é estar tão loucamente ativo que a mente que deseja ardentemente ser ativa seja jogada para fora de seu sistema. Somente então, após uma profunda catarse, você pode desistir da atividade e ter um vislumbre do mundo que não é o mundo do esforço.

Uma vez conhecido esse mundo, você pode entrar nele sem nenhum esforço; uma vez que você tenha a sensação dele — como estar apenas aqui e agora, sem fazer nada –, pode entrar nele a qualquer momento e permanecer nesse mundo em qualquer lugar. No final, você pode estar exteriormente ativo e interiormente em profunda inatividade.

Os métodos catárticos são invenções modernas. Na época de Buda eles não eram necessários, pois as pessoas não eram tão reprimidas. As pessoas eram naturais, viviam vidas primitivas — vidas espontâneas, não civilizadas. Assim, a Vipassana — Vipassana significa discernimento — foi ensinada por Buda diretamente às pessoas. Mas agora você não pode mergulhar na Vipassana diretamente. E os instrutores que insistem em ensinar a Vipassana diretamente não pertencem a este século; eles são de dois mil anos atrás. Sim, algumas vezes eles podem ajudar uma ou duas pessoas em cem, mas isso não representa muito. Estou introduzindo métodos catárticos, para que, primeiro, o que a civilização fez a você possa ser desfeito, para que você seja novamente primitivo. A partir desse estado primitivo, de inocência primal, o discernimento se torna facilmente acessível.

MEDITAÇÃO DINÂMICA DE OSHO
— meditação matinal diária do Resort de Meditação

Quando o sono se interrompe, toda a natureza fica viva; a noite se foi, a escuridão não está mais presente, o sol está surgindo e tudo fica consciente e alerta. Esta é uma meditação na qual você precisa estar continuamente alerta, consciente e atento a tudo o que fizer. Seja apenas uma testemunha; não se disperse.

É fácil se dispersar. Enquanto você está respirando, você pode se esquecer, pode se tornar tão identificado com a respiração que pode se esquecer da testemunha. Mas assim, você perde o que realmente importa. Respire tão rápida e profundamente quanto possível, trazendo toda a sua energia para a respiração; mas, ainda assim, permaneça uma testemunha. Observe o que está acontecendo, como se você fosse apenas um espectador, como se tudo estivesse acontecendo com outra pessoa, como se tudo estivesse acontecendo no corpo, e a consciência estivesse apenas centrada e observando. Essa testemunha precisa estar presente em todos os três primeiros estágios, e, quando tudo parar no quarto estágio e você ficar completamente inativo e absolutamente imóvel, então esse estado de atenção atingirá o seu auge.

O lenhador ou alguém que quebra pedras com a marreta não precisa fazer meditações catárticas – ele a pratica durante todo o dia. Mas para o ser humano moderno, as coisas mudaram.

A Meditação Dinâmica, ou Caótica, dura uma hora e tem cinco estágios. Você pode praticá-la sozinho, mas a energia será mais poderosa se for praticada em grupo. Trata-se de uma experiência individual; portanto, você deve ignorar quem estiver à sua volta, mantendo os olhos fechados o tempo todo, de preferência usando uma venda. É melhor estar com o estômago vazio e usar roupas folgadas e confortáveis.

Primeiro estágio: dez minutos

Respire caoticamente pelo nariz, sem manter um ritmo regular, concentrando-se sempre na expiração; o corpo cuidará da inspiração. Faça isso tão rápida, profunda e intensamente quanto possível — e então um pouco mais intenso, até que você se torne literalmente a respiração. Use os movi-

mentos naturais do corpo para ajudá-lo a intensificar todo o processo. Sinta a sua energia se expandir e não esmoreça durante este estágio.

Segundo estágio: dez minutos

Exploda! Libere tudo o que precisa ser jogado para fora de você. Fique completamente louco, berre, grite, chore, pule, chacoalhe o corpo, dance, cante, ria, movimente-se à vontade. Não segure nada, mantenha todo o seu corpo em movimento. Para iniciar, representar um pouco geralmente ajuda. Nunca deixe que a mente interfira com o que está acontecendo. Seja total.

Terceiro estágio: dez minutos

Com os braços erguidos, salte para cima e para baixo, pronuncie alto o mantra "Hoo! Hoo! Hoo!" (cujo som é: Ru! Ru! Ru!), o mais profundamente possível. Pise no chão apoiando-se na planta dos pés, e não nas pontas dos pés apenas, deixando que o som do mantra martele fundo em seu centro sexual. Faça isso continuamente, sem parar; dê tudo de si, esgote-se completamente.

Quarto estágio: quinze minutos

Pare! Imobilize-se onde você estiver e na posição em que se encontrar. Não ajuste o corpo de maneira nenhuma; uma tosse, um movimento e coisas assim dissipariam o fluir da energia e o esforço seria perdido. Seja uma testemunha de tudo o que estiver acontecendo com você.

Quinto estágio: quinze minutos

Celebre e festeje com a música e a dança, expressando sua gratidão pelo todo. Leve essa felicidade com você durante todo o dia.

Observação: Se no espaço em que você medita não for conveniente fazer barulho, você pode praticar esta alternativa silenciosa: no segundo estágio, em vez de emitir sons, deixe que a catarse se dê inteiramente por meio dos movimentos corporais. No terceiro estágio, o som "Hoo!" pode ser martelado silenciosamente dentro de você. E o quinto estágio pode se tornar uma dança expressiva.

Alguém disse que a meditação que fazemos aqui parece pura loucura. Ela é, e há um propósito nisso. É loucura com um método; é uma escolha consciente.

Lembre-se: você não pode ficar louco voluntariamente. A loucura se apodera de você, e somente então você pode enlouquecer. Se você enlouquecer voluntariamente, isso é algo totalmente diferente. Você está basicamente no controle, e aquele que pode controlar até mesmo a própria loucura jamais enlouquecerá.

Aconteceu: dois cachorros observavam as pessoas praticando a Meditação Dinâmica quando ouvi um dizer ao outro: "Quando faço isso, meu dono me dá vermífugo".

Osho fala sobre algumas das reações que podem acontecer no corpo em resultado da profunda catarse da Meditação Dinâmica.

Se você sentir dor, fique atento a ela; não faça nada. A atenção é uma notável espada — ela corta tudo. Simplesmente preste atenção à dor.

Por exemplo, você está em silêncio e imóvel no quarto estágio da meditação e sente muitos incômodos no corpo. Você sente que a perna está amortecendo, que uma mão está coçando, que formigas estão andando no seu corpo. Você já verificou muitas vezes, mas não há formigas. O formigamento é interno, e não externo. O que você deve fazer? Você sente que a perna está cada vez mais amortecida? Seja um observador, apenas dê sua total atenção a isso. Você sente coceira? Não coce; isso não ajudará. Simplesmente preste atenção. Nem mesmo abra os olhos; simplesmente volte a atenção para si; espere e observe. Em segundos, a coceira desaparecerá. A mesma atitude deve estar presente em tudo o que acontecer — mesmo se você sentir dor, uma forte dor no estômago ou na cabeça. Isso acontece porque todo o corpo se altera na meditação; ele altera a sua química. Novas coisas começam a acontecer e o corpo fica um caos. Algumas vezes o estômago será afetado, pois você reprimiu muitas emoções no estômago, e elas estão todas mexidas. Algumas vezes você sentirá vontade de vomitar, sentirá náuseas. Algumas vezes sentirá uma forte dor de cabeça, pois a meditação está alterando a estrutura interna do seu cérebro. Ao passar pela meditação, você fica realmente um caos. Logo as coisas se acomodarão, mas, enquanto isso não acontecer, tudo ficará instável.

Então, o que você precisa fazer? Simplesmente perceba a dor na cabeça, observe-a. Seja um observador, esqueça-se de que você é um agente e, aos poucos, tudo se assentará, e se assentará tão bela e graciosamente que, a menos que passe por isso, você não poderá acreditar. Não somente a dor de cabeça desaparece — porque se a energia que cria a dor for observada, ela desaparece –, mas a mesma energia se torna prazer. A energia é a mesma.

Dor e prazer são duas dimensões da mesma energia. Se você puder permanecer silenciosamente imóvel e prestando atenção nas distrações, todas elas desaparecerão. E, quando todas as distrações desaparecerem, repentinamente você ficará ciente de que todo o corpo desapareceu.

Osho advertiu contra transformar em fanatismo essa abordagem de testemunhar a dor. Se sintomas de desconforto físico — dores, sofrimentos, náuseas — persistirem além de três ou quatro dias de meditação diária, não há necessidade de ser masoquista — procure orientação médica. Isso se aplica a todas as técnicas de meditação do Osho. Divirta-se!

MEDITAÇÃO DA MANDALA DE OSHO

Esta é outra poderosa técnica catártica, a qual cria um círculo de energia que resulta num centramento natural. Ela se divide em quatro estágios de quinze minutos cada um.

Primeiro estágio: quinze minutos

Com os olhos abertos, corra sem sair do lugar, começando devagar e, gradualmente, acelerando cada vez mais. Levante os joelhos o mais alto que puder. Ao respirar profunda e tranquilamente, a energia será direcionada para o seu interior. Esqueça-se da mente e do corpo. Siga em frente.

Segundo estágio: quinze minutos

Sente-se com os olhos fechados e a boca entreaberta e solta. Gire gentilmente o tronco a partir da cintura, como um junco agitado por uma brisa suave. Sinta a brisa levando-o de um lado para o outro, para a frente e para trás, provocando um movimento circular. Isso levará suas energias despertas para o centro do umbigo.

Terceiro estágio: quinze minutos

Deite-se de costas com os olhos abertos e, sem mexer a cabeça, gire os olhos no sentido horário. Faça um amplo movimento circular com os olhos à volta das órbitas oculares, como se você estivesse seguindo o ponteiro de segundos de um relógio enorme, mas tão rápido quanto possível. É importante que a boca permaneça entreaberta e o maxilar relaxado, com a respiração suave e tranquila. Isso levará sua energia centrada para o terceiro olho.

Quarto estágio: quinze minutos

Feche os olhos e fique quieto.

Não posso criar o paraíso para você. É por isso que minhas técnicas de meditação são estruturadas para primeiro criar o inferno.

A NECESSIDADE DA CATARSE

Durante sessenta minutos todos os dias, simplesmente se esqueça do mundo. Deixe que o mundo desapareça de você e que você desapareça do mundo. Dê meia-volta, um giro de 180 graus, e olhe para dentro de si. No começo, você perceberá apenas nuvens. Não se preocupe com elas; essas nuvens são criadas por suas repressões. Você se deparará com a raiva, o ódio, a ganância e todos os tipos de buraco negro. Você os reprimiu, e por isso eles estão aí. E suas pretensas religiões ensinaram você a reprimi-los, e por isso eles estão ali como feridas. Você as tem ocultado.

É por esse motivo que minha ênfase na catarse vem primeiro. A menos que você passe por uma grande catarse, terá de atravessar muitas nuvens. Isso será cansativo, e você poderá ficar tão impaciente que poderá abandonar tudo. Você dirá: "Não há nada aí, nenhum lótus e nenhuma fragrância, mas apenas mau cheiro e lixo".

Você sabe disso. Quando fecha os olhos e começa a se voltar para dentro de si, o que você encontra? Você não encontra aquelas belas paragens de que os budas falam, mas infernos e agonias reprimidos ali, esperando por você. Raiva acumulada de muitas vidas. Tudo lá é uma bagunça; então a pessoa prefere continuar do lado de fora: ir ao cinema, ao clube, encontrar pessoas e fofocar; quer ficar ocupada até se cansar e cair no sono. É dessa maneira que você está vivendo, esse é o seu estilo de vida.

Assim, quando você começa a olhar para dentro de si, naturalmente fica muito confuso. Os budas dizem que existem grande bênção, deliciosa fragrância, que você encontra flores de lótus desabrochando — com uma fragrância eterna. E as cores das flores permanecem as mesmas; esse não é um fenômeno impermanente. Eles falam sobre esse paraíso, sobre esse reino de Deus que está dentro de você. E, quando você vai para dentro, encontra somente o inferno.

Você não vê as paragens de Buda, mas os campos de concentração de Adolf Hitler. Naturalmente, você começa a achar que tudo isso é tolice e que é melhor ficar do lado de fora. E por que mexer com suas feridas? Isso machuca, pus começa a verter delas e isso é sujo.

Mas a catarse ajuda. Se você fizer uma catarse, se passar pelas meditações caóticas, jogará fora todas essas nuvens, todas essas sombras. Então, o estado de atenção plena ficará mais fácil.

Essa é a razão de eu enfatizar primeiro as meditações catárticas e depois as silenciosas, primeiro as ativas e depois as passivas. Você só pode entrar na passividade quando tudo o que estiver dentro de você como lixo for jogado fora. Raiva jogada fora, ganância jogada fora... camada sobre camada, essas coisas estão dentro de você. Mas, depois de jogar tudo fora, você consegue deslizar facilmente para dentro de si, pois não haverá nada que o impeça.

E, repentinamente, a luz brilhante da terra dos budas... E, repentinamente, você está num mundo totalmente diferente — o mundo da Lei de Lótus, o mundo do *Dhamma*, o mundo do *Tao*.

BATA NA ALMOFADA

Quando você sentir raiva, não há necessidade de direcioná-la a alguém; simplesmente fique com raiva. Deixe que isso seja uma meditação. Feche o quarto, fique sozinho e deixe que a raiva aflore tanto quanto puder. Se você sentir vontade de bater em algo, bata numa almofada.

Faça tudo o que você quiser fazer; a almofada nunca fará objeções. Se você quiser matar a almofada, use uma faca e mate-a! Isso ajuda, ajuda imensamente. Você não pode imaginar o quanto uma almofada pode ser útil. Bata nela, morda-a, jogue-a no chão. Se você estiver com raiva de alguém em particular, escreva o nome da pessoa na almofada ou cole ali uma fotografia dela.

Você se sentirá ridículo, tolo, mas a raiva é ridícula; você não pode fazer nada a respeito. Assim, deixe que ela esteja presente e desfrute-a como um fenômeno de energia. Ela é um fenômeno de energia. Se você não estiver machucando ninguém, então não há problema. Se você tentar isso, perceberá que a ideia de machucar alguém aos poucos desaparecerá.

Faça disso uma prática diária — apenas vinte minutos todas as manhãs. Então, observe-se o dia inteiro. Você ficará mais calmo, porque a energia que se torna raiva foi jogada fora, a energia que se torna veneno foi lançada fora do seu sistema. Faça isso por pelo menos duas semanas e, após uma semana, você ficará surpreso ao descobrir que, seja qual for a situação, a raiva não está aflorando. Experimente.

ARFE COMO UM CACHORRO

É difícil trabalhar com a raiva diretamente, pois ela pode estar profundamente reprimida. Então, trabalhe indiretamente. Correr ajudará a dissolver muita raiva e muito medo. Quando você corre por muito tempo e respira profundamente, a mente para de funcionar e o corpo assume o comando.

Um pequeno exercício ajudará muito. Quando alguém tem um bloqueio de energia no estômago ou no abdômen e a energia flui de maneira superficial, ele pode caminhar e arfar como um cachorro, pode deixar sua língua pendurada para fora e se comportar como um cachorro, arfando.

Toda a passagem se abrirá. Se alguém tem um bloqueio ali, pode ser muito importante arfar. Se a pessoa arfar durante meia hora, a raiva fluirá de uma maneira muito bela. Todo o corpo ficará envolvido nisso.

Assim, de vez em quando você pode experimentar fazer isso em seu quarto; pode usar um espelho e latir e rosnar para ele. Dentro de três semanas, você sentirá o processo se aprofundando. Quando a raiva relaxar e for embora, você se sentirá livre.

A meditação começa com catarse e termina com celebração.

PELA MANHÃ

CELEBRAÇÃO, TRABALHO E DIVERTIMENTO

Meditação é vida. Não estar em meditação é não viver.

MÚSICA E DANÇA

Música é meditação — meditação cristalizada numa certa dimensão. Meditação é música — música dissolvida na ausência de dimensão. Elas não são duas coisas distintas.

Se você gosta de música, gosta somente porque à volta dela, de alguma maneira, você sente a meditação acontecendo. Você é absorvido por ela, fica inebriado com ela. Alguma coisa do desconhecido começa a descer à sua volta... Deus começa a sussurrar; seu coração palpita num ritmo diferente, em sintonia com o universo. Subitamente você tem um orgasmo profundo com o todo. Uma dança sutil invade seu ser, e portas que sempre ficavam fechadas começam a se abrir. Uma nova brisa passa por você; a poeira de séculos se dispersa. Você se sente como se tivesse tomado um banho, um banho espiritual; você saiu do chuveiro — está limpo, revigorado, virgem.

Música é meditação; meditação é música. Essas são duas portas que levam ao mesmo fenômeno.

DANÇA SUFI
— uma celebração matinal diária no Resort de Meditação

Se uma pessoa que está com raiva participa da Dança Sufi, sua dança demonstrará essa raiva. Você pode observar as pessoas e perceber que a dança delas têm características diferentes. A dança de um é um tipo de fúria, a raiva infiltrando-se em sua dança, em seus gestos; a dança de outro tem graciosidade, o amor está fluindo, há um tipo de elegância; a dança de um terceiro expressa compaixão; a de outro é cheia de êxtase; a de outro é sem graça e monótona, ele está fazendo apenas gestos vazios, sem ninguém por trás deles — gestos mecânicos. Observe. Por que essas diferenças? Porque as pessoas carregam diferentes camadas de repressão.

Quando você dançar, sua raiva dançará se ela estiver presente. Aonde ela poderá ir? Quanto mais você dançar, mais ela dançará. Se você estiver repleto de amor, quando você começar a dançar, seu amor começará a transbordar — ele dançará por toda a sua volta, por todo o espaço. Sua dança será a sua dança, conterá tudo o que você contém. Se você for sexualmente reprimido, então o sexo aflorará quando você dançar.

Você precisa passar pela catarse; não pode ir diretamente. Somente quando todo o veneno se for e a fumaça desaparecer, você será capaz de encontrar discernimento e bem-aventurança em métodos como a Dança Sufi.

Milhões de pessoas deixam de meditar porque a meditação tomou uma conotação errada. Ela parece muito séria, parece sombria, tem em si algo de igreja; é como se ela fosse apenas para pessoas mortas ou semimortas, que são deprimidas, sisudas, de cara amarrada — que perderam a capacidade de festejar, de se divertir, de brincar, de celebrar.

Eis as qualidades da meditação. A pessoa realmente meditativa é brincalhona; para ela, a vida é uma diversão, é leela, *brinca-*

deira. Essa pessoa desfruta a vida imensamente; ela não é séria, é relaxada.

A meditação só é necessária porque você não escolheu ser feliz. Se você tivesse escolhido ser feliz, não haveria necessidade de nenhuma meditação. A meditação é medicinal. Se você está doente, então o remédio é necessário. Os budas não precisam de meditação. Depois que você começa a escolher a felicidade, depois que decide que precisa ser feliz, então nenhuma meditação é necessária, então a meditação começa a acontecer por si mesma.

A meditação é uma função de ser feliz; ela segue uma pessoa feliz como uma sombra. Para onde a pessoa for e seja lá o que estiver fazendo, ela é meditativa.

MEDITAÇÃO NATARAJ DE OSHO
— *uma técnica também praticada à noite*

Nataraj é dança em forma de meditação total. São três os estágios, com duração completa de 65 minutos.

Primeiro estágio: quarenta minutos

Com os olhos fechados, dance como se estivesse possuído. Deixe que o seu inconsciente assuma completamente o comando. Não controle seus movimentos nem julgue o que está acontecendo. Simplesmente esteja totalmente na dança.

Segundo estágio: vinte minutos

Mantendo os olhos fechados, deite-se imediatamente. Fique em silêncio e imóvel.

Terceiro estágio: cinco minutos

Dance em celebração e desfrute.

Esqueça-se do dançarino, do centro do ego; torne-se a dança. Essa é a meditação. Dance tão profundamente a ponto de se esquecer completamente de que "você" está dançando e comece a sentir que você é a dança. A divisão tem de desaparecer; então ela se torna uma meditação. Se a divisão estiver presente, então a dança é um exercício: bom, saudável, mas não pode ser chamada de espiritual. Ela é apenas uma dança simples. Em si, a dança é boa — até onde ela pode ir, ela é boa. Depois dela, você se sentirá renovado, rejuvenescido. Mas ela ainda não é meditação. O dançarino precisa partir até que só fique a dança.

Então, o que fazer? Esteja totalmente na dança, porque a divisão só pode existir se você não estiver inteiro na dança. Se você estiver de lado, olhando sua própria dança, a divisão continuará: você é o dançarino e está dançando. Então a dança é apenas uma representação, algo que você está fazendo; ela não é o seu ser. Portanto, envolva-se totalmente; fique imerso nela. Não fique de lado, não seja um espectador. Participe!

Deixe que a dança flua espontaneamente; não a force. Ao contrário, siga-a: deixe que ela aconteça. Ela não é um fazer, mas um acontecer. Mantenha o espírito de celebração. Você não está fazendo algo muito sério, mas apenas brincando, brincando com sua energia de vida, com sua bioenergia, deixando que ela circule do seu próprio jeito. Assim como o rio flui e o vento sopra — você está fluindo e soprando. Sinta isso.

E seja brincalhão. Lembre-se sempre desta palavra: "brincalhão" — para mim, ela é básica. Na Índia, chamamos a criação de *leela* de Deus — brincadeira de Deus. Deus não criou o mundo; o mundo é a sua brincadeira.

Qual é a utilidade da meditação? O que você ganha com ela? Qual é a utilidade da dança? Nenhuma. Você não pode comê-la, não pode bebê-la, não pode abrigar-se nela. Ela parece não ter utilidade. Tudo o que é belo e verdadeiro não é utilitário.

KIRTAN

— Esta canção e dança alegres são sempre parte integrante dos dias de celebração no Resort de Meditação.

Não encare a religião de maneira séria. Você pode cantar e dançar nela; não precisamos ficar com cara de sério. Vivemos com cara de sério por tempo demais. Se você olhar a antiga face de Deus, ela é triste, dá tédio. Precisamos agora de um Deus dançarino e risonho.

Você precisa dançar num estado de espírito extasiante. Toda a sua energia de vida tem de estar fluindo, rindo, cantando. Celebre a vida.

Como técnica de meditação, o Kirtan tem três estágios de vinte minutos cada.

Primeiro estágio:

Com os olhos fechados, dance, cante e bata palmas. Envolva-se totalmente.

Segundo estágio:

Deite-se, fique em silêncio e imóvel.

Terceiro estágio:

Dance e cante novamente, em total entrega. Solte-se.

A meditação não é algo que você faça pela manhã e pare por aí, mas algo que você precisa insistir em viver a cada momento da sua vida. Ao caminhar, ao dormir, ao se sentar, ao conversar, ao escutar — ela precisa se tornar um tipo de clima.

A pessoa relaxada permanece em meditação, a pessoa que segue em frente e deixa o passado para trás permanece meditativa. Nunca aja com base em conclusões; essas conclusões são seus condicionamentos, seus preconceitos, seus desejos, seus medos e tudo o que estiver relacionado a isso. Em resumo, você está no passado!

Você significa o seu passado, todas as suas experiências do passado. Não deixe que o morto anule o vivo, não deixe que o passado influencie o presente, não deixe que a morte domine a sua vida — meditação é isso. Em resumo, na meditação, você não está no passado. O morto não está controlando o vivo.

VIVA NESTE MOMENTO

Quando você entra fundo na meditação, o tempo desaparece. Quando a meditação realmente floresce, não existe tempo. Isso acontece simultaneamente: quando a mente desaparece, o tempo desaparece. Por esse motivo, por eras, os místicos dizem que o tempo e a mente nada mais são do que dois aspectos da mesma moeda. A mente não pode existir sem o tempo, e o tempo não pode existir sem a mente. O tempo é uma condição para a mente existir.

Daí todos os budas terem insistido: "Viva neste momento". Viver neste momento é meditação; estar simplesmente no aqui e agora é meditação. Aqueles que estão simplesmente no aqui e agora, neste exato momento comigo, estão em meditação. Isso é meditação: o cuco chamando à distância, o avião passando, a gralha, os outros pássaros... e tudo é silencioso e não há movimento na mente. Você não está pensando no passado nem no futuro. O tempo parou, o mundo parou.

Parar o mundo é toda a arte da meditação. E viver no momento é viver na eternidade. Saborear o momento sem nenhuma ideia, sem nenhuma mente, é saborear a imortalidade.

TÉCNICAS PARA O DIA A DIA

Se você não usar a vida cotidiana como método de meditação, sua meditação fatalmente se tornará uma espécie de fuga.

PARE!

Comece a praticar um método muito simples pelo menos seis vezes por dia. Cada vez dura apenas meio minuto; assim, no total, são três minutos por dia. Essa é a meditação mais curta do mundo! Mas você precisa fazê-la repentinamente — esse é o ponto importante.

Caminhando pela rua — de repente você se lembra. Pare, pare completamente, deixe de fazer qualquer movimento. Apenas fique presente por meio minuto. Seja qual for a situação, pare completamente e esteja presente em tudo o que estiver acontecendo. Depois, comece a se movimentar novamente. Faça isso seis vezes por dia. Você pode fazer mais vezes, mas não menos — isso trará muita abertura.

A parada precisa ser repentina. Se você ficar presente repentinamente, toda a energia muda. A continuidade que estava em curso na mente se interrompe. Ela é tão repentina que a mente não pode criar um novo pensamento tão de imediato. Leva algum tempo; a mente é burra.

Em qualquer lugar, no momento em que você se lembrar, dê um solavanco em todo o seu ser e pare. Você não ficará apenas consciente. Logo sentirá que as outras pessoas se dão conta da sua energia — que algo aconteceu, que algo do desconhecido está invadindo você.

TRABALHO COMO MEDITAÇÃO

Sempre que você sentir que não está com boa disposição de ânimo e que não se sente bem no trabalho, antes de começar a trabalhar, expire profundamente durante cinco minutos. Sinta que, com a expiração, está jogando fora seu estado de ânimo sombrio. Em cinco minutos você ficará surpreso ao perceber que, de repente, está de volta ao normal; o mau humor desapareceu, o desânimo sumiu.

Se você puder transformar seu trabalho em meditação, isso é o ideal. Então, a meditação nunca estará em conflito com a sua vida. Tudo o que você fizer pode se tornar meditativo. A meditação não é algo separado da vida; ela é parte da vida. É como respirar; assim como você inspira e expira, você também medita.

E trata-se simplesmente de uma mudança na ênfase; não é preciso fazer muito. Coisas que você tem feito sem cuidado, comece a fazê-las cuidadosamente; coisas que você tem feito para obter algum resultado, por exemplo, ganhar dinheiro... Tudo bem, mas você pode fazer disso um fenômeno a mais. Tudo bem em ganhar dinheiro, e se o seu trabalho lhe dá dinheiro, ótimo; a gente precisa de dinheiro, mas ele não é tudo. E se, por tabela, você conseguir outros prazeres, por que perdê-los? São de graça!

Você fará o seu trabalho, gostando dele ou não. Assim, apenas fazendo esse trabalho com mais amor, você conseguirá muito mais coisas que, de outra maneira, deixaria de ganhar.

Qualquer pessoa entregue a um trabalho criativo pode fazer do seu meio de vida uma meditação, assim como Osho explica a seguir, em resposta à pergunta de um pintor.

Arte é meditação. Qualquer atividade se torna uma meditação se você estiver entregue a ela; assim, não seja apenas técnico. Se você for apenas técnico, a pintura nunca se tornará uma meditação. Você precisa estar louca e apaixonadamente envolvido nela, completamente absorto, sem saber para onde está indo, sem saber o que está fazendo, sem saber quem você é.

Esse estado de não saber será meditação; deixe que ela aconteça. Não se deveria fazer a pintura, mas somente deixar que ela aconteça —

e não quero dizer para você ficar preguiçoso, não; assim ela nunca acontecerá. Ela precisa ser conduzida por você; você precisa estar bastante ativo e, ainda assim, não fazer a pintura. Esse é o truque, o x da questão: você precisa ser ativo e, ainda assim, não ser um agente.

Fique diante da tela. Por alguns minutos, apenas medite; sente-se em silêncio em frente da tela. Precisa ser como uma psicografia: você pega a caneta na mão, senta-se em silêncio e, de repente, sente um impulso na mão não provocado por você. Você sabe que não foi você quem o deu, pois estava simplesmente esperando por ele. O impulso vem e a mão começa a se mexer; algo começa a acontecer.

Você deveria começar a pintura dessa maneira. Alguns minutos de meditação, só colocando-se à disposição. Tudo o que vier a acontecer, você deixará que aconteça. Você usará toda a sua habilidade para deixar que aconteça.

Pegue o pincel e comece. No início, vá devagar, para não interferir. Prossiga lentamente; deixe que o tema comece espontaneamente a fluir através de você e, depois, entregue-se a ele. E não pense em mais nada. Arte pela arte... então ela é meditação. Nenhuma motivação deveria interferir. E não estou dizendo para você não vender seus quadros ou não os expor; não há nada de errado nisso, mas isso é um subproduto, não a motivação. A pessoa precisa de comida, então ela vende o quadro, mas dói vendê-lo; é quase como vender o próprio filho. Mas é preciso vendê-lo, então tudo bem. Você fica triste, mas esse não foi o motivo; você não o pintou para vendê-lo. Ele é vendido — essa é uma outra coisa –, mas a motivação não era essa; do contrário, você continuará sendo um técnico.

Você tem de se deixar absorver pela pintura; não precisa permanecer ali, precisa desaparecer completamente na sua pintura, na sua dança, na respiração, no canto. Em tudo o que estiver fazendo, você deveria ficar completamente absorto, sem qualquer controle.

MEDITAÇÃO NO AVIÃO

Não há situação melhor para meditar do que quando você está voando a altitudes elevadas. Quanto mais elevada for a altitude, mais fácil será a meditação. Por isso, desde séculos atrás, meditadores vão ao Himalaia atrás de altitudes elevadas.

Quando a gravidade é menor e a terra está distante, muitas influências da terra também são menores. Você está longe da sociedade corrupta que o ser humano criou e está cercado de nuvens, de estrelas, da Lua, do Sol e do vasto espaço... Então, faça uma coisa: comece a se sentir integrado a essa vastidão, e faça isso em três passos.

O primeiro passo é: pensar, por alguns minutos, que você está ficando maior... você está preenchendo todo o avião.

Então, o segundo passo: comece a sentir que você está ficando ainda maior, maior do que o avião; na verdade, o avião está agora dentro de você.

E o terceiro passo: sinta que você se expandiu por todo o céu. Agora, essas nuvens que estão passando, a Lua e as estrelas estão em movimento dentro de você; você está enorme, ilimitado.

Essa sensação se tornará sua meditação; você se sentirá completamente relaxado e sem tensão.

A ciência precisa agora de grandes meditadores; do contrário, esta terra estará condenada.

A meditação não é uma jornada no espaço ou no tempo, mas um despertar instantâneo.

ESTE É O SEGREDO: DESAUTOMATIZAR-SE

Se pudermos deixar de fazer nossas atividades de uma maneira automatizada, a vida inteira se tornará uma meditação; então, qualquer coisa pequena — tomar banho, comer, conversar com um amigo — se tornará uma meditação. A meditação é uma qualidade; ela pode ser acrescentada a *qualquer coisa*. Ela não é um ato específico. As pessoas acham que a meditação é um ato específico — quando você se senta na direção oeste, repete certos mantras, queima incenso, faz isso e aquilo num determinado horário, de uma determinada maneira e com um determinado gesto. A meditação nada tem a ver com todas essas coisas. Essas são todas maneiras de automatizá-la, e meditação é contrária à automatização.

Assim, se você puder se manter alerta, qualquer atividade será meditação, qualquer movimento o ajudará imensamente.

MEDITAÇÃO DO CIGARRO

Um homem veio a mim. Ele era um fumante inveterado há trinta anos e estava doente, e os médicos diziam: "Você nunca terá saúde se não parar de fumar". Mas ele era um fumante crônico e não conseguia parar de fumar. Tentou — não que não tenha tentado –, tentou arduamente e sofreu muito ao tentar, mas conseguia somente por um ou dois dias e, novamente, a ânsia surgia tão forte que simplesmente tomava conta dele. E, de novo, ele caia no mesmo padrão.

Por não conseguir parar de fumar, ele perdeu toda a autoconfiança: ele sabia que não podia fazer algo tão banal como parar de fumar. Deixou de ter valor a seus próprios olhos, considerando-se a pessoa mais imprestável do mundo e perdendo todo o respeito por si mesmo.

Ele me procurou e disse: "O que posso fazer? Como posso parar de fumar?" Respondi: "Ninguém pode parar de fumar. O que você precisa é entender. Agora, fumar ou não fumar não é decisão sua. Fumar agora faz parte do seu mundo de hábitos e criou raízes. Trinta anos é muito tempo; esse hábito criou raízes em seu corpo, em sua química e se espalhou por toda a parte. Não cabe à sua cabeça decidir; ela não pode fazer nada. A cabeça é impotente; ela pode começar coisas, mas não consegue interrompê-las com tanta facilidade. Pelo fato de ter começado e praticado por tanto tempo, você passou a ser um grande yogue — trinta anos praticando o ato de fumar! Isso se tornou autônomo; você precisará desautomatizá-lo". Ele perguntou: "O que você quer dizer por desautomatização?"

E é disso que se trata a meditação: desautomatização.

Eu respondi: "Faça uma coisa: esqueça-se de parar de fumar. Não há necessidade. Por trinta anos você fumou e viveu; é claro, foi um sofrimento, mas você também se acostumou com isso. E que diferença faz se você morrer algumas horas antes do que morreria se não fumasse? O que você irá fazer aqui? O que você fez? Então, qual é a diferença se você morrer segunda-feira, terça-feira ou domingo, este ou aquele ano; que importância tem isso?"

Ele respondeu: "Nenhuma, é verdade; não importa". Então eu disse: "Esqueça-se disso; não vamos parar... Em vez disso, vamos entender. Assim, da próxima vez, faça do ato de fumar uma meditação".

Ele perguntou: "Meditar a partir do ato de fumar?" Respondi: "É. Se o pessoal do *zen* pode fazer uma meditação a partir do ato de beber chá e fazer disso uma cerimônia, por que não? O ato de fumar pode ser uma meditação igualmente bela".

Ele parecia entusiasmado e disse: "O que você está dizendo?" Ele ficou mais vivo! E continuou: "Meditação? Conte-me — mal posso esperar!"

Dei-lhe a meditação; eu disse: "Faça uma coisa. Quando você estiver pegando o maço de cigarros do bolso, faça isso lentamente. Desfrute, não há pressa. Esteja consciente, alerta, atento; pegue-o lentamente, com plena percepção. Depois, pegue o cigarro do maço também com plena percepção, lentamente — não como antes, com pressa; de modo inconsciente, mecânico. Então, comece a bater o cigarro sobre o maço — ficando muito alerta. Escute o som, como o pessoal do *zen* faz quando o samovar começa a fazer barulho e o chá começa a ferver... e o aroma. Depois, cheire o cigarro e observe a sua beleza..."

Ele perguntou: "Como assim? A beleza?"

"Sim, ele é belo. O tabaco é tão divino quanto qualquer outra coisa. Cheire-o, é o cheiro de Deus."

Ele parecia um pouco surpreso e perguntou: "O quê? Você está brincando?"

"Não, não estou brincando."

Mesmo quando brinco, eu não brinco. Sou muito sério.

"Depois, coloque-o na boca com plena consciência e acenda-o com plena consciência. Desfrute cada ato, cada pequeno ato, e divida-o em tantos pequenos atos quanto possível, para que você fique cada vez mais consciente. Dê a primeira tragada. Deus em forma de fumaça... Os hindus dizem: *'Annam Brahma'* — comida é Deus. Por que não a fumaça? Tudo é Deus. Encha os pulmões profundamente — isso é um *pranayam*. Estou lhe dando a nova yoga para a nova era! Então, solte a fumaça, relaxe; uma outra tragada — e prossiga muito lentamente.

"Se você conseguir fazer isso, ficará surpreso: logo perceberá toda a estupidez disso. Não porque os outros disseram que isso é estupidez, não porque os outros disseram que isso é ruim. Você perceberá. E o perceber não será apenas intelectual, mas de seu ser total; ele será uma visão da sua totalidade. E, então, um dia, se o hábito sumir por si, que suma; se ele continuar, que continue. Você não precisa se preocupar com isso."

Ele voltou três meses depois e disse: "Mas ele sumiu..."

Eu sugeri: "Agora, experimente fazer isso também com outras coisas".

Este é o segredo, *o* segredo: desautomatizar. Ao caminhar, caminhe lentamente, com atenção. Ao olhar, olhe com atenção, e verá que as árvores estão mais verdes do que jamais estiveram, que as rosas estão mais coloridas do que jamais estiveram... Escute! Alguém está conversando, fofocando; escute, escute com atenção. Quando você estiver falando, fale com atenção. Faça com que toda a sua atividade de vigília seja desautomatizada.

A meditação não é uma experiência; é ficar consciente da testemunha. Olhe, observe e permaneça centrado no observar, e aí tudo é total; do contrário, nada é total. E, então, qualquer coisa, tudo nos preenche; fora isso, nada nos preenche. Medite sobre o rosto da pessoa amada. Se você gosta de flores, medite sobre a rosa; medite sobre a lua ou em qualquer coisa que você gosta. Se você gosta de comida, medite sobre a comida.

APENAS UM CHÁ COMUM – DESFRUTE-O!

Viva cada momento. Por três semanas, experimente: seja lá o que você estiver fazendo, faça da forma mais total possível; ame o que estiver fazendo e desfrute disso. Talvez isso pareça tolice. Se você estiver bebendo chá, é tolice desfrutá-lo tanto — é apenas um chá comum.

Mas o chá comum pode ser tornar extraordinariamente belo — uma incrível experiência, se você desfrutá-lo. Desfrute-o com profunda reverência. Faça disto uma cerimônia: fazer o chá... escutar o barulho da chaleira, despejá-lo, sentir sua fragrância, saboreá-lo e sentir-se feliz.

Pessoas mortas não podem beber chá; só pessoas muito vivas. Neste momento você está vivo! Neste momento, você está bebendo chá. Sinta-se grato! E não pense no futuro; o momento seguinte cuidará de si mesmo. Não pense no dia seguinte; por três semanas, viva no momento.

O pessoal do zen usa uma palavra para a meditação: wu-shi. Ela significa "nada especial" ou "sem alvoroço".

SENTE-SE EM SILÊNCIO E ESPERE

Às vezes acontece de a meditação estar próxima, mas você estar envolvido com outras coisas. Essa vozinha silenciosa está dentro de você, mas você está cheio de barulho, compromissos, ocupações, responsabilidades. E a meditação vem como um sussurro; ela não vem gritando como um *slogan*, mas muito silenciosamente, sem fazer barulho; nem mesmo seus passos são ouvidos. Assim, se você estiver ocupado, ela espera e vai embora.

Faça disto um compromisso: todos os dias, pelo menos por uma hora, sente-se em silêncio e espere por ela. Não faça nada, apenas sente-se em silêncio com os olhos fechados numa intensa espera, com um coração que aguarda, com o coração aberto. Apenas espere; dessa maneira, se algo acontecer, você estará pronto para recebê-lo. Se nada acontecer, não fique frustrado. Até mesmo sentar-se por uma hora sem que nada aconteça é bom, é relaxante, acalma você, deixa-o sereno, mais centrado e mais enraizado. Porém, a meditação virá cada vez mais e, lentamente, surgirá uma compreensão entre você e o estado meditativo: você espera num certo horário, num certo cômodo, e ela virá cada vez mais. A meditação não é algo que vem de fora; ela vem de seu âmago mais profundo. Mas, quando a consciência interior sabe que a consciência exterior está esperando por ela, há uma possibilidade maior de encontro.

Sente-se sob uma árvore. A brisa está passando e as folhas da árvore estão sussurrando. O vento o toca, move-se à sua volta e passa por você. Mas não deixe que ele apenas passe por você; deixe que ele invada você e passe através de você. Feche os olhos e, quando ele estiver passando pela árvore e houver um sussurrar das folhas, sinta que você também é como uma árvore, aberto, e o vento está soprando através de você — não do seu lado, mas realmente através de você.

ÀS VEZES, VOCÊ PODE SIMPLESMENTE DESAPARECER

Ao sentar-se sob uma árvore sem pensar no passado ou no futuro, apenas estando ali, onde está você? Onde está o eu? Você não pode senti-lo; ele não está presente. O ego nunca existiu no presente. O passado não existe mais, o futuro ainda está por vir; ambos estão ausentes. O passado desapareceu, o futuro ainda não apareceu — só existe o presente. E, no presente, jamais foi encontrado algo parecido com o ego.

Uma das meditações mais antigas que existe ainda é praticada em alguns mosteiros tibetanos. Essa meditação é baseada na verdade que estou lhe dizendo. Os monges ensinam que, de vez em quando, você pode simplesmente desaparecer; ao sentar-se num jardim, comece a sentir que você está desaparecendo. Perceba como o mundo parece quando você foi embora dele, quando você não está mais aqui, quando você se tornou absolutamente transparente. Tente por um único segundo não ser.

Esteja em sua própria casa como se você não estivesse ali. Essa é realmente uma bela meditação. Você pode experimentá-la muitas vezes ao longo das 24 horas do dia — meio segundo por vez será suficiente. Por meio segundo, simplesmente pare; você não está, e o mundo continua. À medida que ficar cada vez mais alerta ao fato de que, sem você, o mundo continua perfeitamente bem, então você será capaz de assimilar uma outra parte do seu ser, que foi negligenciada por muito tempo, por vidas. E esse é o modo receptivo. Você simplesmente permite, torna-se uma porta. As coisas continuam a acontecer sem você.

Tudo o que a mente pode fazer não pode ser meditação — meditação é algo além da mente. Nela, a mente é absolutamente impotente; a mente não pode penetrar na meditação. Onde a mente termina, a meditação começa.

MEDITAÇÃO GUILHOTINA

Esta é uma das meditações tântricas mais belas: caminhe e pense que a cabeça não está presente, apenas o corpo; sente-se e pense que a cabeça não está mais ali, apenas o corpo. Lembre-se continuamente de que a cabeça não está presente. Visualize-se sem a cabeça. Tenha uma fotografia ampliada de você mesmo sem a cabeça e olhe para ela. Abaixe o espelho do banheiro para que, quando você olhar para ele, não possa ver sua cabeça, mas apenas o corpo.

Alguns dias de lembrança e você sentirá tamanha leveza, um silêncio tão profundo, porque o problema é a cabeça. Se você puder conceber a si mesmo como não tendo cabeça — e isso pode ser concebido, não há dificuldade nisso –, então ficará cada vez mais centrado no coração.

Neste exato momento, você pode se visualizar sem cabeça. Então, imediatamente entenderá o que estou dizendo.

"ISSO NÃO SOU EU"

A mente é lixo! Não é que você tenha lixo e outra pessoa não tenha. Ela é lixo e, se você insistir em jogá-lo fora, poderá prosseguir indefinidamente e nunca chegará ao ponto em que ele termina. Ele é um lixo que perpetua a si mesmo; portanto, ele não está morto; ele é dinâmico. Ele cresce e tem vida própria. Assim, se você cortá-lo, folhas brotarão novamente.

Trazer o lixo para fora não significa que você ficará vazio. Isso somente deixará você ciente de que essa mente que você considera como sendo você, com a qual até agora se identificou, não é você. Ao trazer o lixo à tona, você ficará ciente da separação, do abismo entre você e ela. O lixo permanece, mas você não estará identificado com ele, isso é tudo. Você fica separado, sabe que está separado.

Assim, você precisa fazer apenas uma coisa: não tente lutar contra o lixo e não tente alterá-lo. Simplesmente observe e lembre-se de uma coisa: "Isso não sou eu". Deixe que este seja o mantra: "Isso não sou eu". Lembre-se disso, fique alerta e perceba o que acontece.

Imediatamente ocorre uma mudança. O lixo estará presente, mas deixa de ser parte de você. Essa lembrança passa a ser uma renúncia a ele.

ESCREVA SEUS PENSAMENTOS

Um dia, faça esta pequena experiência: feche a porta, sente-se em seu quarto e comece a escrever seus pensamentos — tudo o que vier à sua mente. Não os mude, pois você não precisa mostrar o que escreveu a ninguém! Continue a escrever durante dez minutos e, depois, leia o que escreveu. Seus pensamentos são isso. Se você os ler, achará que algum louco os escreveu. E se você mostrar esse papel para seu amigo mais íntimo, ele também olhará para você e perguntará: "Você enlouqueceu?"

A meditação é uma estratégia para liberar a sua inteligência. Quanto mais meditativo você se tornar, mais inteligente ficará. Mas lembre-se: por inteligência não quero dizer intelectualidade. A intelectualidade é parte da estupidez.

CARETAS ENGRAÇADAS

Existem muitas meditações antigas que lançam mão de caretas engraçadas. Você pode fazer disso uma meditação — no Tibete, essa era uma das tradições mais antigas.

Fique sem roupa diante de um espelho grande e faça caretas, faça coisas engraçadas — e observe. Ao fazer e observar isso durante quinze ou vinte minutos, você ficará surpreso, pois começará a sentir que está separado disso. Se você não estivesse separado, como poderia fazer todas essas coisas? Então, o corpo está em suas mãos, é algo em suas mãos. Você pode brincar com ele da maneira que quiser.

Descubra novas maneiras de fazer caretas e posturas engraçadas. Faça tudo o que puder fazer, e isso lhe dará um grande alívio; você começará a se olhar não como um corpo, não como um rosto, mas como uma consciência. Isso será de ajuda.

A meditação é sua natureza intrínseca — ela é você, é o seu ser. Ela nada tem a ver com o que você faz. Você não pode tê-la, nem pode não tê-la. Ela não pode ser possuída, pois não é uma coisa; ela é você, é o seu ser.

APENAS OLHE PARA O CÉU

Medite com o céu: sempre que você tiver tempo, deite-se no chão e olhe para o céu. Deixe que essa seja sua contemplação. Se você quiser orar, ore para o céu; se quiser meditar, medite com o céu, às vezes com os olhos abertos, às vezes com os olhos fechados, pois o céu também está dentro. A vastidão do céu lá fora também existe dentro de você.

Estamos no limiar do céu exterior com o céu interior; das duas maneiras você pode se dissolver. São essas as duas maneiras de se dissolver. Se você se dissolver no céu exterior, isso é uma prece; se você se dissolver no céu interior, então é meditação. Mas, no final, dá no mesmo: você se dissolve. E esses dois céus não são dois. Eles são dois somente porque você existe; você é a linha divisória. Quando você desaparece, a linha divisória desaparece; então o dentro está fora e o fora está dentro.

A FRAGRÂNCIA DE UMA FLOR

Se você tiver um bom olfato, fique perto de uma flor e deixe que seu perfume o preencha. Depois, aos poucos, vá se afastando dela bem devagar, mas continuando a prestar atenção ao perfume, à fragrância. À medida que você se afasta, a fragrância ficará cada vez mais sutil e você precisará de mais percepção para senti-la. Torne-se o seu olfato. Esqueça-se de todo o corpo e traga toda a sua energia para o nariz, como se somente o nariz existisse. Se você perder o rastro do perfume, dê alguns passos à frente e, de novo, capte o perfume; depois, volte a andar para trás.

Pouco a pouco você será capaz de sentir o perfume da flor de uma distância muito grande. Ninguém mais será capaz de sentir dali o perfume daquela flor. Então, continue a se mover de uma maneira muito sutil; você está tornando o objeto sutil e, então, chegará um momento em que não será capaz de sentir o perfume. Agora, cheire a ausência de onde a fragrância estava um momento atrás. Ela não está mais ali.

Essa é a outra parte do ser da fragrância — a parte ausente, a parte oculta. Se você puder apreciar a ausência do perfume, se puder sentir que isso faz diferença, isso fará diferença. Então o objeto se tornou muito sutil. Agora ele está se aproximando do estado de não pensamento do samadhi.

COMUNIQUE-SE COM A TERRA

De vez em quando, faça uma pequena experiência: fique sem roupa em algum lugar — na praia, próximo a um rio, sob o sol — e comece a pular, a correr, e sinta sua energia fluindo através dos pés e das pernas para a terra. Corra e sinta que a energia está penetrando na terra através das pernas. Então, após alguns minutos de corrida, fique em pé e em silêncio, enraizado na terra, e sinta uma comunhão de seus pés com a terra. Repentinamente, você se sentirá muito enraizado, aterrado, sólido. Você perceberá que a terra se comunica, perceberá que seus pés se comunicam. Surge um diálogo entre a terra e você.

Todas as meditações que você está fazendo aqui nada mais são do que esforços para perturbar o seu sono existencial.

SIMPLESMENTE RELAXE A RESPIRAÇÃO

Sempre que você tiver tempo, por alguns minutos relaxe o sistema respiratório e nada mais — não há necessidade de relaxar todo o corpo. Sentado num trem, avião ou carro, ninguém perceberá que você está fazendo alguma coisa. Apenas relaxe seu sistema respiratório. Deixe que ele funcione naturalmente. Depois, feche os olhos e observe o ar entrando, saindo, entrando...

Não se concentre; se você se concentrar, criará dificuldades, porque então tudo se tornará uma perturbação. Se você tentar se concentrar enquanto está sentado num carro, então o barulho do carro se tornará uma perturbação, a pessoa sentada a seu lado se tornará uma perturbação.

Meditação não é concentração; ela é simplesmente percepção. Você simplesmente relaxa e observa a respiração. Nesse observar, nada é excluído. O carro está fazendo barulho — tudo bem, aceite isso. O tráfego está passando — tudo bem, isso faz parte da vida. O passageiro ao lado está roncando — aceite. Nada é rejeitado.

"QUE A PAZ ESTEJA COM ESSA PESSOA"

Quando você encontrar alguém, entre em contato com você mesmo, fique em silêncio. Quando a pessoa se aproxima de você, em seu interior projete paz sobre ela; sinta: "Que a paz esteja com essa pessoa".

Não se limite a dizer isso interiormente; sinta isso. De repente você perceberá uma mudança na pessoa, como se algo desconhecido tivesse entrado em seu ser. Ela ficará totalmente diferente. Experimente.

FERVENDO DE RAIVA

Osho ensinou esta técnica para tensão àqueles que estão conscientes de um padrão persistente de frustração e raiva em suas questões do dia a dia.

Todos os dias, durante quinze minutos, a qualquer hora que você achar conveniente, feche-se em seu quarto e fique com raiva — mas não a libere. Insista em forçar a raiva... fique praticamente louco de raiva, mas não a libere — nenhuma expressão, nem mesmo bata num travesseiro. Reprima-a de todas as formas — você está me entendendo? Isso é exatamente o oposto da catarse.

Se você sentir tensão surgindo no estômago, como se algo fosse explodir, contraia o estômago e o deixe o mais tenso que puder. Se sentir que os ombros estão ficando tensos, deixe-os mais tensos. Deixe que todo o corpo fique o mais tenso possível — como um vulcão fervendo por dentro e sem entrar em erupção. Este é o ponto a ser lembrado: nenhum alívio, nenhuma expressão. Não grite, senão o estômago será aliviado. Não bata em nada, senão os ombros se aliviarão e relaxarão.

Durante quinze minutos, esquente-se, como se estivesse a cem graus centígrados. Durante quinze minutos, chegue ao clímax. Coloque um despertador e tente isso o mais que você puder. E, quando o despertador tocar, sente-se em silêncio, feche os olhos e observe o que está acontecendo. Relaxe o corpo.

Esse aquecimento do sistema forçará seus padrões a se dissipar.

Somente a meditação pode descondicioná-lo.

PONDERE SOBRE O OPOSTO

Este é um belo método; ele será muito útil. Por exemplo: se você estiver se sentindo muito descontente, o que fazer? Pondere sobre o oposto.

Se você estiver se sentindo descontente, contemple o contentamento. O que é contentamento? Procure um equilíbrio. Se sua mente estiver com raiva, traga a compaixão, pense na compaixão, e imediatamente a energia mudará, porque elas são iguais; o oposto é a mesma energia. Quando o oposto entra em cena, ele absorve... A raiva está presente? Contemple a compaixão.

Faça uma coisa: tenha uma estátua de Buda, porque essa estátua é o gesto da compaixão. Sempre que você ficar com raiva, entre no quarto, olhe para a estátua, sente-se como Buda e sinta compaixão. De repente você perceberá uma transformação acontecendo dentro de você. A raiva está se transformando: a excitação se foi, a compaixão está surgindo. E ela não é uma energia diferente, mas a mesma — a mesma energia que a raiva — mudando sua qualidade, elevando-se. Experimente!

"DUALIDADE, NÃO"

Este é um dos mantras mais antigos. Sempre que você se sentir dividido, sempre que perceber uma dualidade entrando em cena, simplesmente diga por dentro: "Dualidade, não". Mas diga isso com consciência, não repita de maneira mecânica. Sempre que você sentir o amor surgindo, diga: "Dualidade, não", senão o ódio estará esperando ali — eles são um só. Quando você sentir o ódio surgindo, diga: "Dualidade, não". Sempre que você sentir um apego à vida, diga: "Dualidade, não". Sempre que sentir medo da morte, diga: "Dualidade, não". Somente a unidade existe.

Dizer isso tem de ser a sua compreensão. A pronúncia dessas palavras tem de estar cheia de inteligência, de uma clareza penetrante, e, subitamente, você sentirá um relaxamento interior. No momento em que você disser: "Dualidade, não" — se você estiver dizendo isso com compreensão, e não apenas repetindo a frase mecanicamente –, subitamente sentirá uma revelação.

SIGA O SIM

Por um mês, siga apenas o sim, o caminho que diz "sim". Por um mês, não siga o caminho que diz "não". Coopere mais com o sim — é daí que você se integrará. O não nunca ajuda a atingir a integração. É sempre o sim que ajuda, porque o sim é aceitação, é confiança, é prece. Ser capaz de dizer "sim" é ser religioso.

O segundo ponto: o "não" não precisa ser reprimido. Se você reprimi-lo, ele se vingará. Se você reprimi-lo, ele ficará cada vez mais poderoso e, um dia, explodirá e destruirá o seu sim. Portanto, nunca reprima o não, apenas o ignore.

E há uma grande diferença entre reprimir e ignorar. Você sabe que ele está presente, reconhece-o e diz: "Sim, sei que você está aí, mas seguirei o sim". Você não o reprime, não briga com ele, não diz: "Vá embora, suma daqui, não quero nada com você". Você não diz nada a ele com raiva, não deseja afastá-lo, não deseja jogá-lo no porão de seu inconsciente, em sua mente oculta. Não, você não faz nada a ele e simplesmente reconhece que ele está presente. Mas você está seguindo o sim, sem ressentimento, sem queixas, sem raiva. Simplesmente siga o sim, sem tomar nenhuma atitude com relação ao não.

Ignorar o não é a grande arte para matá-lo. Se você brigar com ele, já se tornou uma vítima, uma vítima muito sutil; o não já ganhou de você. Quando você luta contra o não, você diz "não" ao não. É assim que ele se apodera de você, pela porta dos fundos. Não diga "não" nem mesmo ao não — ignore-o apenas.

Por um mês, siga o sim e não lute contra o não. Você ficará surpreso, pois, aos poucos, ele ficará fraco e desvitalizado por estar passando fome. E um dia, de repente, você perceberá que ele não está mais presente. Quando não estiver mais presente, toda a energia envolvida com ele será liberada, e essa energia liberada fará do seu sim um grande fluxo.

FAÇA AMIZADE COM UMA ÁRVORE

Aproxime-se de uma árvore, fale com ela, toque-a, abrace-a, sinta-a; sente-se a seu lado e deixe que ela sinta que você é uma boa pessoa e que não está querendo maltratá-la.

Aos poucos surge uma amizade, e você começa a sentir que, quando se aproxima dela, a qualidade da árvore muda imediatamente. Você a sentirá, sob a casca da árvore você sentirá uma imensa energia fluindo quando você se aproxima. Quando você toca a árvore, ela fica tão feliz quanto uma criança, quanto uma pessoa amada. Quando você se sentar ao lado dela, sentirá muitas coisas, e logo será capaz de sentir que, se você estiver triste e for até a árvore, sua tristeza desaparecerá.

Somente então você será capaz de compreender que vocês são interdependentes. Você pode deixar a árvore feliz, e ela pode deixá-lo feliz. A vida como um todo é interdependente, e chamo essa interdependência de Deus.

Não estou dizendo que a meditação resolverá os problemas da vida. Estou simplesmente dizendo que, se você estiver em estado meditativo, os problemas desaparecerão — e não que se resolverão. Não há necessidade de resolver um problema. Em primeiro lugar, o problema é criado pela mente tensa.

Somente a meditação pode matar a mente – nada mais.

"VOCÊ ESTÁ AQUI?"

Chame seu próprio nome, pela manhã, à tarde, à noite. Sempre que você se dispersar, chame seu próprio nome. E não apenas o chame, mas responda em voz alta. Não tenha medo dos outros. Você já teve medo suficiente dos outros; eles já o mataram pelo medo. Não tema; mesmo na rua você deve se lembrar. Chame seu próprio nome: "Fulano, você está aqui?" E responda: "Sim, senhor(a)".

À TARDE

SENTAR-SE, OLHAR E ESCUTAR

Meditação é aventura, a maior aventura que a mente humana pode empreender. Meditação é apenas ser, sem nada fazer — nenhuma ação, nenhum pensamento, nenhuma emoção. Você simplesmente é, e isso é um puro deleite. De onde vem esse deleite quando você não está fazendo nada? Ele não vem de lugar nenhum, ou vem de todos os lugares. Ele não é causado, porque a existência é feita dessa substância chamada deleite.

A MEDITAÇÃO NÃO TEM UM OBJETIVO

A meditação acontece somente quando você examina todos os objetivos e descobre que não há objetivos, quando você passa por toda a sequência de objetivos e percebe a falsidade deles. Você se dá conta de que os objetivos não levam a lugar nenhum, de que você fica girando em círculos e continua no mesmo lugar. Os objetivos continuam comandando você, conduzindo você, praticamente enlouquecendo-o, criando novos desejos, sem que nada jamais seja alcançado. As mãos continuam vazias como sempre. Quando percebe isso, quando você examina a sua vida e percebe todos os seus objetivos caindo por terra...

Nenhum objetivo jamais foi bem-sucedido, nenhum objetivo jamais trouxe qualquer bênção a alguém. O objetivo somente promete, mas os bens nunca são entregues. Um objetivo falha, outro entra em cena e lhe promete algo mais uma vez... e novamente você é enganado. Ao ser enganado repetidamente pelos objetivos, um dia, de repente, você fica consciente — subitamente você *percebe* o seu jogo, e essa percepção é o começo da meditação. Ela não tem nenhuma semente em si, não tem um objetivo em si. Se você estiver meditando *para conseguir alguma coisa*, então está se concentrando, e não meditando; então você ainda está no mundo — sua mente ainda está interessada em coisas de pouco valor, em trivialidades. Então você é mundano. Até mesmo se você estiver meditando para chegar a Deus, você é mundano; até mesmo se você estiver meditando para chegar ao nirvana, você é mundano — porque a meditação não tem um objetivo.

A meditação é a descoberta de que todos os objetivos são falsos, é a compreensão de que os desejos não levam a lugar nenhum.

SENTE-SE

Meditar significa dedicar alguns minutos à não ocupação. No começo será muito difícil — a coisa mais difícil do mundo no começo, e a mais fácil no final. Ela é muito fácil, e por isso é tão difícil.

Se você disser a alguém para apenas ficar sentado sem nada fazer, ele ficará inquieto, começará a sentir as pernas formigando ou que algo está acontecendo em seu corpo. Ele ficará muito agitado, pois sempre esteve ocupado. Ele é como um carro parado com o motor ligado; embora não esteja indo a lugar nenhum, o motor está roncando e ficando cada vez mais aquecido. Você se esqueceu de como desligá-lo. Meditação é isto: a arte de desligar.

RESPIRAÇÃO – O MAIS PROFUNDO DOS MANTRAS

Inspire e deixe que a inspiração se reflita em seu ser, expire e deixe que a expiração se reflita em seu ser, e sentirá um imenso silêncio descendo sobre você. Se você puder perceber o ar entrando e saindo, entrando e saindo, entrou em contato com o mantra mais profundo jamais inventado.

Você respira aqui e agora; você não pode respirar amanhã e não pode respirar ontem. Você precisa respirar neste momento, mas pode pensar sobre o amanhã ou sobre o ontem. Assim, o corpo permanece no presente, e a mente fica saltando entre o passado e o futuro, ocorrendo uma divisão entre o corpo e a mente. O corpo entra no presente, e a mente nunca está no presente, e eles nunca se encontram, nunca se deparam. E, por causa dessa divisão, surgem a ansiedade, a tensão e a angústia. A pessoa fica tensa, e essa tensão é preocupação... A mente precisa ser trazida ao presente, pois não existe outro tempo.

Primeiro você precisa dançar, para que na dança sua armadura caia. Primeiro você precisa gritar de alegria e cantar, para que sua vida se torne mais vital. Primeiro você precisa entrar em catarse, para que tudo o que você reprimiu seja jogado fora e seu corpo seja purificado de toxinas e de venenos, e a psique também seja purificada de traumas reprimidos e feridas. Quando isso aconteceu e você passou a ser capaz de rir e de amar, então acontece a Vipassana.

SOBRE A VIPASSANA

Sente-se em silêncio e comece apenas a observar a respiração. A maneira mais fácil de observar a respiração é a partir das narinas. Na inspiração, sinta o toque do ar nas narinas — observe-o ali. O toque será mais fácil de observar, pois a respiração será muito sutil; no começo, apenas observe o toque. O ar entra, sinta-o entrando, observe-o. E depois o siga, vá com ele. Você perceberá que há um ponto em que ele pára. Em algum lugar próximo ao umbigo, ele para — por um breve momento, ele para. Depois ele novamente se move para fora; então siga-o — novamente sinta o toque, o ar saindo do nariz. Siga-o, vá com ele para fora — de novo você chegará a um ponto em que a respiração para por um breve momento. E o ciclo recomeça.

Inspiração, intervalo, expiração, intervalo, inspiração, intervalo... O intervalo é o fenômeno mais misterioso em seu interior. Quando a inspiração acontece e depois para, cessando todo movimento, esse é o ponto em que a pessoa pode encontrar Deus. Ou, quando a expiração acontece e depois pára, cessando todo movimento.

Lembre-se: não é para você interrompê-la; ela pára por si mesma. Se você interrompê-la, perderá todo o ponto, porque aquele que faz entrará em cena e a testemunha desaparecerá. Não é para você fazer coisa alguma com relação a isso, não é para você alterar o padrão da respiração, não é para você inspirar nem expirar. Isso não é como o *pranayam*, do yoga, em que você começa a manipular a respiração; não é assim. Você de maneira nenhuma interfere com a respiração — você permite sua naturalidade, seu fluxo natural. Quando a expiração acontece, você a segue; quando a inspiração acontece, você a segue.

E logo você ficará ciente de que existem dois intervalos. Nesses dois intervalos está a porta, nesses dois intervalos você entenderá e perceberá que, em si mesma, a respiração não é vida — talvez um alimento para a vida, como os outros alimentos, mas não a própria vida. Porque, quando a respiração cessa, você está presente, perfeitamente presente — você está perfeitamente consciente, absolutamente consciente. E a respiração cessou, não está mais presente, e você está.

E se você continuar observando a respiração — o que Buda chama de *Vipassana* ou *Anapanasati Yoga* –, se insistir em observá-la, muito lentamente perceberá que o intervalo está aumentando, está ficando maior. Finalmente acontece de o intervalo permanecer por minutos. Inspiração, e o intervalo... e por minutos a expiração não acontece. Tudo cessou: o mundo cessou, o tempo cessou, o pensar cessou. Porque, quando a respiração para, o pensar não é possível. E, quando a respiração para por minutos, o pensar é absolutamente impossível — porque o processo de pensamento necessita de contínuo oxigênio, e seu processo de pensamento e sua respiração estão profundamente relacionados.

Meditação é apenas se deliciar com a própria presença. Meditação é um deleite no próprio ser.

Quando você está com raiva, sua respiração tem um ritmo diferente, quando está sexualmente excitado, em silêncio, feliz ou triste — sua respiração tem um ritmo diferente. Sua respiração se altera continuamente de acordo com a disposição de ânimo da mente. E o inverso também é verdadeiro — quando sua respiração muda, as disposições de ânimo da mente também mudam. E, quando a respiração para, a mente também para.

Nessa parada da mente, o mundo todo para — porque a mente é o mundo. E, nessa parada, pela primeira vez você vem a saber o que é a respiração dentro da respiração, a vida dentro da vida. Essa experiência é libertadora, torna-o consciente de Deus — e Deus não é uma pessoa, mas a experiência da própria vida.

VIPASSANA
— *meditação da percepção*

Encontre um lugar confortável para se sentar por 45 a 60 minutos. O melhor é se sentar no mesmo lugar e no mesmo horário todos os dias, e não precisa ser um local silencioso. Experimente até encontrar a situação em que você se sinta melhor. Você pode praticar uma ou duas vezes por dia, mas que não seja no espaço de uma hora após as refeições ou de uma hora antes de ir dormir.

É importante se sentar com as costas retas e a cabeça ereta. Seus olhos devem estar fechados e o corpo o mais imóvel possível. Um banquinho especial para meditação pode ajudar, ou uma cadeira ou poltrona com as costas retas ou com almofadas para apoiar as costas.

Não há uma técnica especial para a respiração; deixe que seja uma respiração normal e natural. A Vipassana está baseada na percepção da respiração; portanto, cada inspiração e cada expiração devem ser observadas a partir de qualquer sensação que seja mais claramente percebida — nas narinas, na área do estômago, na área do plexo solar...

Vipassana não é concentração, e o objetivo não é permanecer observando a respiração o tempo todo. Quando pensamentos, sentimentos ou sensações surgirem, ou quando você ficar consciente de sons, de cheiros, da brisa, simplesmente deixe que a atenção vá para essas coisas. Tudo o que surgir pode ser observado como nuvens passando no céu — você nem se apega nem rejeita. Sempre que houver uma escolha do que observar, volte a percepção para a respiração.

Lembre-se: não se espera que nada de especial aconteça. Não existe sucesso nem fracasso — nem existe nenhum aperfeiçoamento. Nada há para descobrir ou analisar, mas podem surgir lampejos sobre alguma coisa. Questões e problemas podem ser percebidos como mistérios a serem desfrutados.

O Resort Osho de Meditação conta com seções regulares de meditação Vipassana, além de haver ocasionalmente grupos intensivos de Vipassana, com duração de vários dias.

Osho fala sobre a elevação da energia que as pessoas frequentemente sentem quando começam a praticar a Vipassana.

Na Vipassana, às vezes pode acontecer de você se sentir muito sensual, porque você fica muito silencioso e a energia não é dissipada. Na vida normal, muita energia é dissipada e você fica exausto. Quando você simplesmente se senta, sem fazer nada, torna-se um reservatório silencioso de energia, e esse reservatório fica cada vez maior. Ele praticamente chega ao ponto de transbordar... e então você se sente sensual. Você sente uma nova sensibilidade, uma nova sensualidade, até mesmo uma sexualidade — como se todos os sentidos ficassem renovados, mais jovens, mais vivos, como se a poeira tivesse saído de você, como se você tivesse tomado um banho e se limpado com essa chuveirada. Isso acontece.

É por isso que os praticantes — particularmente os monges budistas que praticam a Vipassana há séculos — não comem muito. Eles não precisam... Eles comem uma vez por dia — e, mesmo assim, muito pouco; no máximo a refeição poderia ser chamada de desjejum... e uma vez por dia. Eles não dormem muito, mas estão repletos de energia. E não são escapistas — eles trabalham duro. Não é que eles não trabalhem; eles cortam lenha, trabalham no jardim, nos campos, na terra, e o dia inteiro. Mas algo aconteceu: a energia deles não está mais sendo dissipada.

E a postura em que eles se sentam conserva a energia. A postura de lótus, na qual os budistas se sentam, é tal que todos os terminais do corpo se encontram — pé sobre pé, mão sobre mão. Esses são os pontos por onde a energia flui para fora, porque a energia precisa de algo pontudo para sair. Por isso o órgão sexual masculino tem um formato pontudo, pois ele precisa liberar muita energia. Ele é praticamente uma válvula de escape. Quando a energia dentro de você está transbordando e você não pode fazer nada com ela, você a libera sexualmente.

No ato sexual, a mulher não libera energia. Assim, a mulher pode ter relações sexuais com muitas pessoas em uma só noite, mas o homem não pode. E, se mulher souber como, ela pode até mesmo conservar a energia, até mesmo absorver energia.

Nenhuma energia é liberada para fora a partir da cabeça. Por natureza, a cabeça tem um formato arredondado. Assim, o cérebro nunca perde energia; ele a conserva — porque é o órgão mais importante, a central administrativa do seu corpo. Ele precisa ser protegido; portanto, é protegido pelo crânio arredondado.

A energia não pode vazar de nada que seja arredondado. É por isso que todos os planetas, a Terra, o Sol, a Lua e as estrelas são todos arredondados. Não fosse assim, eles perderiam energia e se extinguiriam.

Quando você se senta na postura de lótus, fica arredondado, uma mão encostando na outra... Dessa maneira, se uma mão libera energia, esta flui para a outra mão. Um pé tocando o outro... a maneira que você se senta forma praticamente um círculo. A energia flui dentro de você; ela não sai. Você a conserva e se torna, aos poucos, um reservatório de energia. Aos poucos você sentirá uma sensação de saciedade na barriga. Você pode estar com o estômago vazio, pode não ter comido nada, mas sente uma certa saciedade. E então um arroubo de sensualidade. Mas esse é um bom sinal, um sinal muito bom. Desfrute-o.

TORNE-SE UM ASTRONAUTA NO SEU ESPAÇO INTERIOR

Em profunda meditação, muitas vezes você repentinamente sente como se a gravidade tivesse desaparecido, como se nada o prendesse ao chão, como se agora coubesse a você decidir voar ou não. Se quisesse, simplesmente poderia voar pelo céu. Todo o céu é seu. Mas, quando você abre os olhos, de repente o corpo está ali, a terra está ali, a gravidade está ali. Quando você estava de olhos fechados meditando, esqueceu-se do corpo e partiu para uma dimensão diferente, a dimensão da graça.

Desfrute isso e deixe que aconteça, porque, se começar a pensar que isso é loucura, interromperá o processo, e essa interrupção atrapalhará a sua meditação. Desfrute isso como você faz quando voa num sonho. Feche os olhos. Na meditação, vá para onde você quiser, eleve-se cada vez mais no céu, e muito mais estará ao seu alcance. E não tenha medo. Essa é a maior aventura, maior do que ir a Lua. Tornar-se um astronauta no seu espaço interior é a maior aventura.

CRESCER E DIMINUIR

Osho sugere esta bela técnica para aqueles que têm sensações de instabilidade física e de enjoo.

Sente-se em sua cama durante cinco ou dez minutos e, com os olhos fechados, visualize... Sinta que seu corpo está ficando cada vez maior; imagine-o tão grande quanto possível — tão grande que ele praticamente começa a tocar as paredes do quarto. Você começará a sentir que agora não pode mover as mãos — é difícil... sua cabeça está tocando o teto. Primeiro, por dois ou três dias sinta isso; depois, comece a crescer além do quarto. Preencha toda a casa com o seu corpo e sentirá que o quarto está dentro de você. Então, expanda-se para fora da casa — preencha toda a vizinhança e sinta-a toda dentro de você. E, depois, preencha todo o céu e sinta o Sol, a Lua e as estrelas se movendo dentro de você.

Continue com isso por dez ou doze dias. Aos poucos, lentamente, preencha todo o céu. No dia em que você tiver preenchido todo o céu, comece o processo inverso. Por dois dias, torne-se novamente pequeno. No processo inverso, sente-se e comece a imaginar que você está ficando muito pequeno. Mova-se no outro sentido. Seu corpo não é tão grande quanto aparenta — ele ficou com uns trinta centímetros. Você é como um pequeno brinquedo — e você sentirá isso. Se você pôde imaginar a grandeza, poderá imaginar a pequenez. Depois, menor ainda — tão pequeno que você poderia envolver a si mesmo com a mão. Depois, menor ainda... menor ainda. E, dentro de doze dias, estenda is-

A meditação pode lhe dar os mais incríveis vislumbres, pois ela é a coisa mais inútil deste mundo. Você simplesmente não faz nada e penetra no silêncio... Ela é mais incrível do que o sono, porque, no sono, você está inconsciente; tudo o que acontece, acontece inconscientemente.

Você pode estar no paraíso, mas não sabe disso.

so a tal ponto que você não possa encontrar a si mesmo. Você ficou tão pequeno que é impossível descobrir onde você está.

Torne-se tão vasto quanto todo o espaço e, depois, tão pequeno quanto o átomo invisível — doze dias num processo, doze dias noutro. Você se sentirá tão bem, tão feliz e tão centrado como nunca imaginou.

"UM"

Primeiro passo: relaxe numa cadeira e deixe todo o corpo confortável. Segundo passo: feche os olhos. Terceiro passo: relaxe a respiração, torne-a a mais natural possível. A cada expiração, diga: "Um". Quando o ar estiver saindo, diga: "Um"; inspire e não diga nada. Assim, em cada expiração, simplesmente diga: "Um... um... um..." E não apenas diga, mas também sinta que toda a existência é uma só, é uma unidade. Não apenas repita, mas tenha essa sensação, e dizer "um" ajudará. Faça isso durante vinte minutos todos os dias.

Tome providências para que ninguém o perturbe enquanto você estiver fazendo isso. Você pode abrir os olhos e olhar o relógio, mas não coloque um despertador. Qualquer coisa que lhe dê um sobressalto será ruim. Dessa maneira, se houver algum telefone por perto, tire-o do gancho, e não deixe que ninguém bata na porta de seu quarto. Durante esses vinte minutos, você precisa ficar absolutamente relaxado. Se houver muito barulho à volta, use alguma coisa para tapar os ouvidos.

Dizer "um" a cada expiração o deixará tão calmo, sereno e integrado como nunca imaginou. Faça isso durante o dia, e nunca à noite, senão seu sono será perturbado, porque será tão relaxante que você não sentirá sono. Você se sentirá renovado. O melhor horário é pela manhã ou à tarde, mas nunca à noite.

O SORRISO INTERIOR

Quando você estiver sentado sem nada para fazer, relaxe o maxilar e abra ligeiramente a boca. Comece a respirar pela boca, mas não profundamente. Deixe que o corpo respire; então a respiração será pouco profunda; deixe que seja cada vez menos profunda. E, quando você sentir que a respiração ficou bem pouco profunda, a boca entreaberta e o maxilar solto, todo o seu corpo ficará extremamente relaxado.

Nesse momento, comece a sentir um sorriso — não no rosto, mas por todo o seu ser interior... você conseguirá. Não se trata de um sorriso nos lábios — trata-se de um sorriso existencial que se espalha dentro de você.

Na meditação, você se move conscientemente. Então, você fica consciente do caminho: como se mover do mundo útil do exterior para o mundo inútil do interior. E uma vez conhecido o caminho, a qualquer momento você pode simplesmente ir para dentro de si. Sentado num ônibus, não é necessário que você faça nada; você está simplesmente sentado. Andando de carro, de trem ou de avião, você não está fazendo nada; tudo está sendo feito por outras pessoas, e você pode fechar os olhos e penetrar no inútil, no interior. E, subitamente, tudo fica silencioso, sereno; você está na fonte de toda a vida.

> Só a meditação pode ajudá-lo totalmente, porque você não a está exibindo para alguém, mas apresentando-a para seu próprio ser.
>
> Você pode ficar absolutamente à vontade e não precisa ficar com medo do que o outro pensará.
>
> A meditação não é, na verdade, uma busca pela iluminação.
> A iluminação vem sem nenhuma busca.

Experimente e saberá do que se trata... porque isso não pode ser explicado. Não há necessidade de sorrir com os lábios; é como se você estivesse sorrindo a partir da barriga; a barriga está sorrindo. E trata-se de um sorriso, e não de uma gargalhada; portanto, ele é muito suave, delicado e frágil — como uma pequena rosa se abrindo em seu ventre e a fragrância se espalhando por todo o corpo.

Depois que souber o que é esse sorriso, você conseguirá ficar feliz durante as 24 horas do dia. E, sempre que você sentir que está perdendo essa felicidade, feche os olhos e recupere esse sorriso, e ele estará presente. E, durante o dia, você pode recuperá-lo quantas vezes quiser. Ele está sempre presente.

"OSHO"

A cada expiração, simplesmente diga interiormente: "Osho", não muito alto — apenas um sussurro para que você possa ouvir. E na inspiração, apenas espere. Quando a expiração acontece, você chama e me deixa entrar. Não faça nada — simplesmente espere. Assim, sua parte é somente quando a expiração acontece.

Durante a expiração, penetre no universo. A expiração é praticamente como jogar um balde num poço. E, quando a inspiração acontece, é como se o balde fosse puxado para fora do poço. Isso deve ser feito somente durante vinte minutos. Por quatro ou cinco minutos, sintonize-se nesse espaço e, depois, permaneça nele durante vinte minutos. Assim, são no máximo 25 minutos.

Você pode fazer isso em qualquer horário, durante o dia ou durante a noite.

Zazen é um profundo estado de desocupação. Ele nem mesmo é meditação, porque, quando você medita, está tentando fazer alguma coisa: lembrando-se de que você é Deus ou lembrando-se de si mesmo. Esses esforços criam pequenas agitações.

ZAZEN

Os participantes de um grupo de meditação Zazen se sentam durante uma hora, e os principiantes são encorajados a contar as expirações nos primeiros cinco ou dez minutos, a fim de desencadear o relaxamento da "percepção sem escolha".

Você pode se sentar em qualquer lugar e olhar para qualquer coisa que não seja muito interessante. Por exemplo, o que você estiver olhando não pode estar se movendo muito, pois se tornará uma distração. Você pode observar as árvores — isso, tudo bem, porque elas não estão se movendo e a cena permanece constante. Você pode observar o céu ou apenas se sentar num canto e observar a parede.

O segundo ponto é: não se fixe em alguma coisa em particular — apenas o vazio. Os olhos estão abertos e você precisa olhar para algo, mas sem focar a atenção em alguma coisa em particular. Não fixe os olhos nem se concentre em nada — apenas numa imagem difusa. Isso relaxa muito.

E o terceiro ponto: relaxe a respiração. Não a provoque; deixe que ela aconteça, deixe que ela seja natural, e isso o relaxará ainda mais.

O quarto ponto: deixe que seu corpo fique o mais imóvel possível. Antes de mais nada, ache uma boa postura — você pode se sentar numa almofada, num colchão ou em qualquer coisa que você queira, mas depois de se acomodar, permaneça imóvel, porque, se o corpo não se mover, automaticamente a mente se aquietará. Num corpo que se move, a mente também continua a se mover, porque corpo-mente não são duas coisas, mas uma só... trata-se de uma só energia.

No começo, parecerá um pouco difícil, mas após alguns dias você desfrutará a experiência imensamente. Aos poucos, você perceberá que começa a cair camada após camada da mente. Chega um momento em que você está simplesmente presente sem a mente.

Bodhidharma se sentou durante nove anos diante de uma parede, sem nada fazer — apenas sentado por nove anos. A tradição diz que suas pernas atrofiaram. Para mim, isso é simbólico, e simplesmente significa que todos os movimentos atrofiaram, pois toda a motivação se atrofiou. Ele não estava indo a lugar nenhum. Não havia desejo de se mover, nenhum objetivo a ser alcançado — e ele alcançou o que há de mais notável. Ele é uma das almas mais raras que caminharam sobre a terra. E, apenas ao sentar-se diante de uma parede, ele alcançou tudo; sem nada fazer, nenhuma técnica, nenhum método, nada. Essa era a única técnica.

Quando não há nada para ver, aos poucos desaparece seu interesse em ver. Quando apenas encara uma parede clara, dentro de você surge um vazio e uma clareza paralelos. Paralela à parede surge uma outra parede — de não pensamento.

Mente nenhuma já foi encontrada. Aqueles que a procuraram sempre descobriram que a mente não existe!

SINTA-SE RECEPTIVO

É muito significativa a postura das mãos em concha, como um receptáculo. Ela o deixa receptivo, ajuda-o a ser receptivo. Essa é uma das posturas mais antigas — todos os budas a experimentaram. Sempre que você estiver aberto ou desejar estar aberto, essa postura ajudará.

Sente-se em silêncio e espere. Seja um receptáculo, um terminal receptor, como você espera ao telefone: você disca e espera. Exatamente nesse estado de ânimo, simplesmente espere, e dentro de dois ou três minutos você perceberá uma energia totalmente diferente circundando-o, preenchendo o seu interior... caindo sobre você como a chuva cai sobre a terra e penetra cada vez mais fundo na terra que a absorve.

As posturas são muito significativas. Se as pessoas não fizerem um amuleto a partir delas, elas são muito significativas, pois ajudam a estabelecer uma direção em sua energia corporal. Por exemplo, nessa postura é muito difícil ficar com raiva, mas com o punho fechado e os dentes cerrados é muito fácil ficar com raiva. Quando todo o corpo está relaxado, é muito difícil ser agressivo, violento, e é muito fácil ficar em estado de prece.

Os meditadores são considerados escapistas. Isso é um completo absurdo. O meditador é o único que não é escapista — todos os demais são. Meditação significa sair do desejo, sair dos pensamentos, sair da mente, significa relaxar no momento, no presente. A meditação é a única coisa no mundo que não é escapista, embora seja considerada como a mais escapista.

As pessoas que condenam a meditação sempre a condenam com o argumento de que ela é uma fuga, uma fuga da vida. Elas estão falando bobagem e não sabem o que estão dizendo.

A meditação não é fuga da vida; ela é fuga para a vida. A mente é fuga da vida, o desejo é fuga da vida.

OLHAR

Meditação nada mais é do que a arte de abrir os olhos, a arte de limpar os olhos, a arte de limpar a poeira que se juntou sobre o espelho de sua consciência. É natural que a poeira se acumule. O ser humano viaja incessantemente há milhares de vidas — a poeira se acumula. Somos todos viajantes; muita poeira se acumulou — tanto que o espelho ficou totalmente encoberto. É só poeira sobre poeira, camadas e camadas de poeira, e você não pode ver o espelho. Mas o espelho ainda está presente — ele não pode ser perdido, pois é a sua verdadeira natureza. Se fosse possível perdê-lo, então ele não poderia ser sua natureza. Não é que você tenha um espelho; você é o espelho. O viajante é o espelho; ele não pode perdê-lo, mas somente esquecê-lo — no máximo, o esquecimento...

MEDITAÇÃO É ABRIR OS OLHOS, É OLHAR.

O momento existencial é o agora. Dê apenas uma olhada, e isso é meditação — essa olhada é meditação. Meditação é apenas perceber a realidade de uma certa coisa, de um certo estado. A meditação não tem objetivo, daí não haver centro nela. E, por não haver objetivo nem centro, não existe nenhum eu nela. Na meditação, você não age a partir de um centro; você age a partir do nada. Meditação é a resposta a partir do nada.

A mente concentrada age a partir do passado. A meditação age no presente, a partir do presente. Ela é uma resposta pura ao presente, e não uma reação. Ela atua não a partir de conclusões, mas ao perceber o existencial.

OLHAR SEM PALAVRAS

Em pequenas coisas, tente não deixar que a mente interfira. Ao olhar para uma flor, simplesmente olhe; não diga "bela", "feia"; não diga nada. Não use palavras, não verbalize; apenas olhe. A mente se sentirá desconfortável, pouco à vontade; ela gostaria de dizer alguma coisa. Diga à mente: "Fique quieta, deixe-me perceber; simplesmente olharei".

No início, será difícil, mas comece com coisas em que você não esteja muito envolvido. Será difícil olhar para a sua esposa ou o seu marido sem usar palavras. Você está muito envolvido, muito apegado emocionalmente. Sentindo raiva ou amor — mas muito envolvido.

Olhe para coisas neutras — uma rocha, uma flor, uma árvore, o sol nascendo, um pássaro voando, uma nuvem se movendo no céu. Olhe para coisas com as quais você não esteja muito envolvido, com as quais possa ficar desapegado e permanecer indiferente. Comece com coisas neutras e, somente então, passe para situações carregadas emocionalmente.

A COR DO SILÊNCIO

Sempre que você fitar algo azul, como o azul do céu ou do mar, sente-se em silêncio, observe o azul e você sentirá uma profunda sintonia com ele. Sempre que você ficar atento à cor azul, um grande silêncio descerá sobre você.

O azul é uma das cores mais espirituais, pois é a cor do silêncio, da quietude, da tranquilidade, do descanso, do relaxamento. Assim, sempre que você estiver realmente relaxado, sentirá dentro de você uma luminosidade azulada. E, se você puder sentir uma luminosidade azulada, imediatamente se sentirá relaxado. Isso funciona nos dois sentidos.

OBSERVE SUA DOR DE CABEÇA

Na próxima vez em que você tiver dor de cabeça, experimente uma pequena técnica meditativa, apenas para ver o que acontece — depois poderá praticá-la em doenças e em sintomas mais complexos.

Assim, quando você tiver dor de cabeça, faça uma pequena experiência. Sente-se em silêncio e observe-a, examine-a — não como se você estivesse observando uma inimiga, não. Se você estiver observando-a como sua inimiga, não será capaz de observá-la corretamente. Você a evitará — ninguém olha diretamente para o inimigo; a pessoa evita, tende a evitar. Olhe para ela como a uma amiga. Ela é sua amiga, está a seu serviço. Ela está dizendo: "Algo está errado — verifique". Sente-se em silêncio e sinta a dor de cabeça sem ter a ideia de acabar com ela, sem o desejo de que ela deveria desaparecer, sem conflito, sem luta, sem antagonismo. Verifique-a, verifique o que ela é.

Observe, de tal modo que, se houver uma mensagem interior, a dor de cabeça possa transmiti-la a você. Ela tem uma mensagem codificada. E, se você observar silenciosamente, ficará surpreso; se você observar silenciosamente, três coisas acontecerão. A primeira: quanto mais você prestar atenção a ela, mais forte ela ficará. E então você ficará um pouco confuso: "Como isso irá ajudar se a dor está aumentando?" Ela está aumentando porque você a estava evitando. Ela estava presente, mas você a estava evitando, já a estava reprimindo — mesmo sem tomar um remédio, você a estava reprimindo. Quando você presta atenção a ela, a repressão desaparece. A dor de cabeça chegará à sua intensidade natural. Agora você a está percebendo com os sentidos desbloqueados, sem nenhum obstáculo interferindo.

O primeiro ponto: ela aumentará. Se ela aumentar, pode ficar satisfeito, pois a está observando da maneira certa. Se ela não aumentar, então você ainda não a está observando, você ainda está evitando. Preste atenção a ela — ela aumentará. Essa é a primeira indicação de que ela está em sua mira.

O segundo ponto: ela ficará mais localizada; deixará de ficar difusa. Primeiro você achava que toda a sua cabeça estava doendo. Agora você percebe que não é toda a sua cabeça, mas apenas um pequeno ponto. Essa também é uma indicação de que você a está percebendo mais profundamente. A sensação difusa da dor é um truque — essa é uma maneira de evitá-la. Se ela estiver em um só ponto, então será mais forte. Assim, você cria uma ilusão de que toda a cabeça está doendo. Ao se difundir por toda a cabeça, ela não fica tão intensa num ponto. Esses são truques que insistimos em usar.

Perceba-a, e o segundo passo será que ela ficará cada vez mais localizada. E chega um momento em que ela fica apenas num pontinho — *muito* aguda, imensamente aguda, muito dolorosa. Você nunca sentiu uma dor tão intensa na cabeça, mas muito confinada num pequeno ponto. Continue prestando atenção a ela.

Você é o seu desastre, você é a barreira. A meditação acontece quando o meditador não está!

E então acontece o terceiro passo, e o mais importante. Se você insistir em observar esse ponto quando a dor estiver muito forte, confinada e concentrada num só ponto, muitas vezes perceberá que a dor desaparece. Quando a sua observação for perfeita, a dor desaparecerá. E, quando ela desaparecer, você terá o vislumbre de onde ela vinha, de qual era a sua causa. Quando o efeito desaparecer, você perceberá a causa. Isso acontecerá muitas vezes e, novamente, a dor voltará; sua observação não é mais tão intensa, tão concentrada, tão profunda — a dor voltará. Quando a sua observação estiver *realmente* presente, ela desaparecerá; e, quando ela desaparecer, oculta atrás dela estará a causa. E você ficará surpreso: sua mente está disposta a revelar qual é a causa.

E pode haver mil e uma causas. O mesmo alarme é dado, porque o sistema de alarme é simples. Não existem muitos sistemas de alarme em seu corpo. Para causas diferentes, o mesmo alarme é acionado. Você podia estar com raiva ultimamente e não a expressou. De repente, como uma revelação, a raiva se mostrará; você perceberá toda a raiva que vinha carregando... como pus dentro de você. Ela chegou a um ponto muito intenso, e essa raiva quer ser liberada, ela precisa de uma catarse. Entre em catarse! E imediatamente perceberá que a dor de cabeça desapareceu. Não houve necessidade de nenhum remédio, de nenhum tratamento.

ESCUTE

Permaneça passivo — sem fazer nada, apenas escutando. E escutar não é fazer alguma coisa. Você não precisa fazer nada para escutar alguma coisa — seus ouvidos estão sempre abertos. Para enxergar, você precisa abrir os olhos — pelo menos isso precisa ser feito. Para escutar, nem mesmo isso precisa ser feito — os ouvidos estão sempre abertos. Você está sempre escutando. Não faça nada e escute.

ESCUTE COM SIMPATIA

Escutar é uma profunda interação entre o corpo e a alma, e é por isso que o ato de escutar tem sido usado como um dos métodos de meditação com maior potencial. O ato de escutar faz a ligação entre dois infinitos: o material e o espiritual.

Deixe que essa seja a sua meditação; ela o ajudará. Sempre que você estiver disposto, escute qualquer coisa que esteja acontecendo. Pode ser o centro da cidade com os seus muitos barulhos e tráfego, pode ser o trem, o avião... escute, seja o que for, sem rejeição na mente por ser barulhento. Escute como se você estivesse escutando música, com simpatia. E, subitamente, perceberá que a qualidade do barulho mudou. Ele não é mais uma distração, não é mais uma perturbação. Pelo contrário, ele se torna muito reconfortante. Se escutado corretamente, até mesmo os sons do centro da cidade podem se tornar uma melodia.

Dessa maneira, não importa o que você escuta. O que importa é você escutar, e não apenas ouvir.

Mesmo se você estiver escutando algo que nunca pensou que valesse a pena prestar atenção, escute isso de bom grado, como se estivesse escutando uma sonata de Beethoven. E, repentinamente, você perceberá que transformou a qualidade do som: ele ficou bonito. E, nesse ato de escutar, seu ego desaparecerá.

UM PILAR DE ENERGIA

Se você ficar parado calmamente, um certo silêncio imediatamente virá a você. Experimente fazer isso num canto de seu quarto. Fique em pé e em silêncio no canto, sem fazer nada. De repente, a energia também se eleva dentro de você. Se ficar sentado, você sentirá muitas perturbações na mente, pois a posição sentada é a postura do pensador; se ficar em pé, a energia flui como um pilar e é distribuída igualmente por todo o corpo. Ficar em pé é agradável.

Tente, porque algumas pessoas descobrem que isso é muito agradável. Se você puder ficar em pé durante uma hora, isso será maravilhoso. Apenas ao ficar em pé sem fazer nada, sem se mover, você descobrirá que algo se ajusta dentro de você, se aquieta; o centramento acontecerá e você se sentirá como um pilar de energia. O corpo desaparece.

SINTA O SILÊNCIO DO ÚTERO

Deixe que o silêncio se torne sua meditação. Sempre que você tiver tempo, desfaleça-se no silêncio — e é exatamente isto o que quero dizer: desfaleça-se — como se você fosse um feto no útero da mãe. Sente-se no chão e começará a sentir que quer encostar a cabeça no chão. Então encoste a cabeça no chão. Fique na posição fetal e, imediatamente, sentirá que o silêncio está vindo, o mesmo silêncio que havia no útero da sua mãe. Sente-se na cama, entre embaixo do cobertor, enrole-se e fique ali completamente quieto, sem fazer nada.

Algumas vezes pensamentos virão; deixe que eles passem — fique indiferente a eles, sem absolutamente se preocupar. Se eles vierem, bom; se não vierem, bom também. Não brigue, não os afugente. Se você lutar, ficará perturbado; se os afugentar, se não os quiser, eles teimosamente resistirão a ir embora. Simplesmente fique despreocupado, deixe que eles estejam presentes na periferia, como se fosse o barulho do tráfego.

>
>
> A meditação é seu direito nato! Ela está presente, esperando que você relaxe um pouco para que ela possa cantar uma canção, para que possa tornar-se uma dança.

E realmente se trata de um barulho do tráfego, do tráfego de milhões de células do cérebro comunicando-se umas com as outras, a energia circulando e a eletricidade saltando de uma célula a outra. Trata-se do ruído de uma máquina incrível; então, deixe que ele aconteça.

Fique completamente indiferente ao ruído da mente; ele não lhe diz respeito, não é problema seu — talvez o problema de outra pessoa, mas não seu. O que você tem a ver com ele? E você ficará surpreso — em alguns momentos o barulho desaparecerá, desaparecerá completamente, e você será deixado completamente sozinho.

NUNCA SEJA MASOQUISTA

Nunca seja masoquista, não se torture em nome disso ou daquilo. Em nome da religião, as pessoas se torturaram muito; o nome é tão bonito que você pode insistir em se torturar.

Então, lembre-se: eu ensino felicidade, e não tortura! Se algumas vezes você sentir que algo está ficando pesado, que está desagradável continuar com ele, então ele precisa ser mudado. Você precisará mudar muitas vezes. Aos poucos você chegará ao ponto em que nenhuma mudança será necessária. Então, algo se encaixará totalmente — não apenas com sua mente e com seu corpo, mas com sua alma.

AO ANOITECER

CHACOALHO, DANÇA E CANTO

Meditação é estar consigo mesmo, e compaixão é deixar o seu ser transbordar.

MEDITAÇÃO KUNDALINI DE OSHO

Esta é a irmã mais amada da Meditação Dinâmica. A Dinâmica é praticada ao amanhecer e a Kundalini, ao anoitecer.

A Meditação Kundalini consiste em quatro estágios de quinze minutos cada um.

Primeiro estágio: quinze minutos

Fique solto e deixe que todo o seu corpo chacoalhe, sentindo a energia se mover para cima a partir dos pés. Não tire os pés do chão neste estágio. Relaxe todas as partes do corpo e torne-se um chacoalho. Os olhos podem ficar abertos ou fechados.

Segundo estágio: quinze minutos

Dance da maneira que você sentir vontade; deixe que todo o seu corpo se mexa como ele quiser.

Terceiro estágio: quinze minutos
   Feche os olhos e fique em silêncio e imóvel, sentado ou em pé. Testemunhe tudo o que estiver acontecendo dentro e fora de você.

Quarto estágio: quinze minutos
   Mantendo os olhos fechados, deite-se de costas e fique imóvel.

Pratique minhas meditações, mas não de forma obstinada. Não as force; em vez disso, deixe que elas aconteçam. Flua com elas, abandone-se nelas, entregue-se, mas não com obstinação. Não manipule, pois quando você manipula, fica dividido, torna-se dois: o manipulador e o manipulado. E, sendo dois, o paraíso e o inferno são imediatamente criados. Então, há uma grande distância entre você e a verdade. Não manipule, deixe que as coisas aconteçam.

Se você estiver praticando a Meditação Kundalini, deixe que seu corpo chacoalhe, não faça isso por ele. Fique em pé em silêncio, sinta-o vindo e, quando seu corpo começar um pequeno tremor, ajude-o, mas não faça isso por ele. Desfrute-o, sinta-se abençoado por ele, permita-o, receba-o, dê-lhe boas-vindas, mas não o deseje.

Se você forçá-lo, ele se tornará um exercício, um exercício corporal. Então, o chacoalho estará presente, mas apenas na superfície, e não o penetrará. Você continuará sólido, como uma pedra, como uma rocha por dentro; continuará sendo o manipulador, o agente, e o corpo apenas o seguirá. O corpo não é a questão — você é a questão.

Quando digo para chacoalhar, quero dizer para chacoalhar sua solidez; seu ser petrificado tem de chacoalhar até as bases, para que ele fluidifique, derreta, flua. E, quando o ser petrificado fica fluido, líquido, seu corpo o seguirá. Então, não há o chacoalho, mas apenas o chacoalhar. Ninguém está chacoalhando, isso está simplesmente acontecendo; não há um agente.

As meditações Dinâmica, Kundalini ou Nadabrahma não são meditações de fato. Você está apenas entrando em sintonia. É como... Se você assistiu à música clássica indiana, deve ter reparado que por meia hora, ou às vezes por mais tempo, os músicos ficam simplesmente afinando os instrumentos. Eles giram as cravelhas, soltando ou esticando as cordas; os percussionistas conferem seu instrumento, verificando se ele está perfeito ou não... Eles fazem isso por meia hora. Isso não é música, mas apenas uma preparação.

A Kundalini não é realmente uma meditação, mas apenas uma preparação. Você está preparando seu instrumento. Quando ele estiver pronto, então você ficará em silêncio, a meditação começará e você ficará completamente presente. Você se despertou pelo saltar, pelo dançar, pelo respirar, pelo gritar — essas são todas estratégias para deixá-lo um pouco mais alerta do que você normalmente está. E uma vez alerta, então a espera.

Espera é meditação, espera com plena percepção. E então ela vem, desce sobre você, circunda-o, brinca à sua volta, dança à sua volta, limpa-o, purifica-o, transforma-o.

MEDITAÇÃO DO BALANÇO

Primeiro estágio: vinte minutos

Sente-se com as pernas cruzadas sobre uma almofada e, com os olhos fechados, comece a balançar gentilmente, primeiro para a esquerda, depois para a direita. O balanço não precisa envolver todo o corpo, mas incline-se confortavelmente tanto quanto puder. Quando você chegar ao ponto máximo da inclinação, solte o som "hoo" (em português, "ru") — vigorosamente, de supetão. Faça isso ao final do balanço, em ambos os lados.

Segundo estágio: vinte minutos
Sente-se em silêncio, sem se mexer.

Terceiro estágio: vinte minutos
Fique em pé, absolutamente imóvel.

DANÇA

Quando o movimento se torna extasiante, então é uma dança. Quando o movimento é tão absoluto a ponto de não haver ego, então é uma dança.

E você deveria saber que a dança veio ao mundo como uma técnica de meditação. No começo, a dança não era só para dançar, mas para atingir um êxtase em que o dançarino se dissolvia e sobrava apenas a dança — nenhum ego, ninguém manipulando, o corpo fluindo espontaneamente.

Não é preciso encontrar nenhuma outra meditação. Se o dançarino se dissolver, a própria dança se tornará uma meditação. O x da questão é como se dissolver. É irrelevante como você faz isso, ou onde. Apenas se dissolva. Chega um ponto em que o ego não está e, ainda assim, as coisas continuam... como se você estivesse possuído.

A dança é uma das coisas mais belas que podem acontecer a uma pessoa. Portanto, não considere a meditação como algo separado. A meditação é necessária como algo separado apenas para as pessoas que não têm uma energia criativa muito profunda, que não têm uma direção para deixar sua energia tão profundamente envolvida a ponto de poderem se dissolver.

Mas o dançarino, o pintor e o escultor não precisam de nenhuma outra forma de meditação. Tudo o que eles necessitam é tornar sua dimensão criativa tão profundamente penetrante a ponto de acontecer um ponto de transcendência. E não há nada como a dança...

Assim, durante pelo menos uma hora todos os dias, esqueça-se de todas as técnicas. Deixe isto bem claro: simplesmente dance para Deus. Portanto, não há necessidade de ser técnico — porque Ele não é um examinador. Simplesmente dance como uma criança... como uma prece. Então a dança terá uma qualidade totalmente diferente. Pela primeira vez você sentirá que está dando passos que nunca deu antes, que está entrando em dimensões que nunca foram conhecidas por você. Terrenos não familiares e desconhecidos serão atravessados.

Aos poucos, à medida que você ficar mais em sintonia com o desconhecido, todas as técnicas desaparecerão. E, sem técnicas, quando a dança é pura e simples, ela é perfeita.

Dance como se você estivesse em profundo amor com o universo, como se você estivesse dançando com o seu amado. Deixe que Deus seja o seu amado.

Meditação nada tem a ver com seriedade; ela é divertimento. É por isso é que eu insisto mais na dança e no canto.

DANÇANDO JUNTO

Você pode organizar um pequeno grupo de amigos que possam dançar juntos. Isso será melhor, ajudará mais. O ser humano é tão fraco que sozinho é difícil continuar com alguma coisa. Por isso as escolas são necessárias. Dessa maneira, se um dia você não estiver disposto a praticá-la, e outras pessoas estiverem, a energia delas o motivará. Outro dia alguém não está disposto, mas você está; assim, a sua energia prevalecerá.

Sozinho, o ser humano é muito fraco e apático. Num dia você pratica, mas em outro se sente cansado e tem outras coisas para fazer. As meditações trazem resultados somente quando forem praticadas de maneira persistente. Então, ela penetra em você.

É como se você estivesse cavando um buraco na terra. Num dia você cava num lugar, noutro dia cava em outro. Assim você poderá cavar por toda a vida, mas o poço nunca ficará pronto. Você precisa cavar continuamente no mesmo lugar.

Portanto, comprometa-se: no mesmo horário todos os dias. E se for possível no mesmo lugar, ótimo; no mesmo quarto, na mesma atmosfera, queimando o mesmo incenso... assim, o corpo aos poucos aprende e a mente aos poucos pega o jeito. No momento em que você entrar no quarto, estará pronto para dançar. O quarto está impregnado, o tempo está impregnado.

DANCE COMO UMA ÁRVORE

Erga os braços e sinta-se como uma árvore sob um forte vento. Dance como uma árvore sob a chuva e sob os ventos. Deixe que toda a sua energia se torne uma energia dançante, balançando e se movendo com o vento; sinta o vento passando por você. Esqueça-se de que você tem um corpo humano — você é uma árvore, identifique-se com ela.

Se for possível, fique ao ar livre, em pé entre as árvores; torne-se uma árvore e deixe que o vento passe por você. É imensamente fortalecedor e revigorante se sentir identificado com uma árvore. A pessoa facilmente entra na consciência primal. As árvores ainda estão nessa consciência; fale com elas, abrace-as e, de repente, sentirá que tudo está de volta. E, se não for possível ficar ao ar livre, fique em pé no meio do quarto, visualize a si mesmo como uma árvore e comece a dançar.

DANCE COM AS MÃOS

Sente-se em silêncio e deixe que seus dedos se mexam à vontade. Sinta o movimento a partir de dentro; não tente percebê-lo de fora. Portanto, mantenha os olhos fechados e deixe que a energia flua cada vez mais para as mãos.

As mãos estão profundamente ligadas ao cérebro: a mão direita, com o lado esquerdo do cérebro; a mão esquerda, com o lado direito do cérebro. Se você der total liberdade de expressão aos seus dedos, muitas tensões acumuladas no cérebro serão aliviadas. Essa é a maneira mais fácil de aliviar o mecanismo do cérebro, suas repressões, sua energia não usada. Suas mãos são perfeitamente capazes de fazer isso.

Algumas vezes você sentirá que sua mão esquerda está erguida, outras a direita. Não imponha nenhum padrão; qualquer que seja a necessidade da energia, ela tomará aquela forma. Quando o lado esquerdo do cérebro desejar liberar energia, ele desencadeará uma forma determinada. Quando o lado direito do cérebro estiver muito sobrecarregado com a energia, haverá um gesto diferente.

Você pode se tornar um grande meditador por meio dos gestos das mãos. Assim, sente-se em silêncio e brinque, dê permissão às mãos e ficará surpreso: isso é mágico. Você não precisa pular, correr ou fazer muita meditação caótica. Apenas as suas mãos serão suficientes.

DESPERTE CAMADAS SUTIS

Se você movimenta o corpo continuamente e nunca se senta em silêncio, então também perderá algo. Quando a energia começa a circular, a pessoa precisa ficar absolutamente silenciosa; senão, o movimento continua grosseiro. O movimento corporal é bom, mas é grosseiro; e se toda a energia continuar no movimento grosseiro, o movimento sutil não começará.

A pessoa precisa chegar ao ponto em que o corpo fique completamente imóvel como uma estátua, para que todos os movimentos grosseiros cessem, mas a energia esteja ali, pronta para circular — e não há abertura para ela no corpo. Dentro, ela procura uma nova abertura que não seja no corpo. Ela começa a se mover em camadas sutis.

Mas, primeiro, o movimento é necessário. Se a energia não estiver se movendo, você pode se sentar como uma pedra e nada acontecerá. A primeira coisa é ajudar a energia a circular e a segunda, quando ela estiver realmente circular, parar o corpo. Quando a energia estiver pulsando e pronta a se mover para qualquer lugar, então ela precisará passar para camadas sutis, porque as grosseiras não estarão mais disponíveis.

Assim, primeiro torne-a dinâmica e depois deixe que o corpo fique imóvel, de tal modo que o dinamismo vá mais fundo, para as próprias raízes, para o próprio âmago do seu ser. Faça uma síntese: vinte minutos de movimento corporal e depois uma parada repentina. Você pode usar um despertador e, quando ele tocar, pare subitamente. O corpo está repleto de energia, mas agora, quando o corpo se imobiliza, a energia começa a procurar novos caminhos. Esse é o método para trabalhar interiormente.

MEDITAÇÃO DO RODOPIO

O rodopio sufi é uma das técnicas mais antigas e poderosas que existe. Ela é tão profunda que até mesmo uma única experiência pode deixar você totalmente diferente. Gire com os olhos abertos, como as crianças rodopiam, como se o seu ser interior tivesse se tornado um centro e todo o seu corpo tivesse se tornado uma roda, girando, como a roda de um ceramista, girando. Você está no centro, mas todo o corpo está em movimento.

Antes do rodopio, recomenda-se que a pessoa não ingira nenhum alimento ou líquido por três horas. É melhor ficar descalço e usar roupas soltas. A meditação é dividida em dois estágios: o rodopio e o descanso. Não há um tempo fixo para o rodopio — ele pode continuar por horas –, mas sugere-se que você continue o movimento por pelo menos uma hora, para que tenha a completa sensação da energia do redemoinho.

O rodopio é feito girando-se no mesmo lugar, no sentido anti-horário, com o braço direito erguido, a palma para cima, e o braço esquerdo abaixado, com a palma também para baixo. As pessoas que sentem desconforto ao girar no sentido anti-horário, podem girar no sentido horário. Deixe o corpo solto e mantenha os olhos abertos, mas sem focalizá-los em nada, para que as imagens fiquem borradas e fluidas. Permaneça em silêncio.

Nos primeiros quinze minutos, gire lentamente. Depois, aumente gradativamente a velocidade nos trinta minutos seguintes, até que o rodopio tome conta de você e você se torne um redemoinho de energia — na periferia, uma tempestade de movimento, mas a testemunha no centro, silenciosa e imóvel.

Quando você estiver rodopiando tão rápido a ponto de não conseguir permanecer em pé, seu corpo cairá por si mesmo. Não faça da queda uma decisão da sua parte nem tente ajeitar a queda com antecedência; se o seu corpo estiver relaxado, você cairá suavemente e a terra absorverá sua energia.

Uma vez no chão, começa a segunda parte da meditação. Imediatamente fique de barriga para baixo, de modo que o umbigo descoberto fique em contato com o chão. Se a pessoa sentir desconforto ao se deitar dessa maneira, deve se deitar de costas. Sinta o corpo se fundindo com a terra, como um bebê sobre o seio da mãe. Mantenha os olhos fechados, permaneça passivo e em silêncio durante pelo menos quinze minutos.

Depois da meditação, fique tão quieto e inativo quanto possível.

Algumas pessoas podem sentir náuseas durante a Meditação do Rodopio, mas essa sensação tende a desaparecer dentro de dois ou três dias. Interrompa a meditação somente se essa sensação persistir.

CANTO

O canto é divino, uma das atividades mais divinas. Somente a dança compete com ele, somente a dança está próxima dele. E por que cantar e dançar são atividades divinas? Porque essas são atividades em que você pode se dissolver completamente. Você pode mergulhar no canto, tanto que o cantor desaparece e somente o canto permanece, ou o dançarino desaparece e somente a dança permanece. E esse é o momento da metamorfose, da transfiguração, quando o cantor não está mais ali e há somente o canto. Quando todo o seu ser se torna uma canção ou uma dança, isso é prece.

A canção que você canta é irrelevante; não precisa ser uma canção religiosa, mas, se você puder cantá-la com total entrega, ela é sagrada. E vice-versa: você pode cantar uma canção religiosa, santificada pelo tempo, mas, se você não estiver totalmente entregue a ela, ela é profana. Não importa o conteúdo da canção; o que importa é a qualidade que você traz ao canto, a totalidade, a intensidade, o fogo.

Não copie a canção de outra pessoa, porque esse não é o seu coração, não é a maneira pela qual você pode derramar o coração aos pés do divino. Deixe que sua canção surja espontaneamente. Esqueça-se da métrica e da gramática. Deus não é um gramático e não está preocupado com as palavras que você usa. Ele está mais interessado em seu coração.

A música cria uma tal harmonia que até mesmo Deus começa a balançar a cabeça para você, a dizer sim para você. A música é luminosa... de repente o céu começa a tocar você; você é tomado pelo além. E, quando o além está mais próximo de você, quando os passos do além são ouvidos, algo dentro de você aceita o desafio, fica em silêncio, mais parado, calmo, sereno, integrado.

MANTRA

Se você tiver um ouvido musical, se tiver um coração que possa entender a música — não somente entender, mas sentir –, então um mantra ajudará, porque você poderá se integrar com os sons interiores, poderá se mover com esses sons para camadas cada vez mais sutis. Então, chega um momento em que todos os sons cessam e somente o som universal permanece: *aum*.

"AUM"

Comprometa-se a se sentar em silêncio durante pelo menos vinte minutos pela manhã e vinte minutos à noite, com os olhos semiabertos e olhando para baixo. A respiração tem de ser lenta, o corpo deve ficar imóvel. Comece a entoar interiormente *aum*. Não há necessidade de pronunciar o som em voz alta; será mais penetrante com os lábios fechados; mesmo a língua não deve se mover. Entoe *aum* rápido — *aum, aum, aum, aum...*; rápido e alto, mas dentro de você. Sinta que o som está vibrando por todo o seu corpo, dos pés à cabeça, da cabeça aos pés. Cada *aum* penetra em sua consciência como uma pedra atirada num lago, e ondulações surgem e se espalham até as margens do lago. As ondulações se expandem e tocam todo o corpo.

Ao fazer isso, haverá momentos — e esses serão os momentos mais belos — em que você não repetirá e tudo parará. De repente você ficará consciente de que não está entoando o mantra e de que tudo parou. Desfrute isso. Se pensamentos começarem a vir, de novo comece a entoar o mantra.

E, quando você praticar à noite, faça essa meditação pelo menos duas horas antes de ir dormir. Se você entoar o mantra exatamente antes de ir dormir, não conseguirá adormecer, pois essa prática o deixará tão revigorado que não sentirá sono. Você se sentirá bem descansado, como se fosse de manhã; então, para que dormir?

Você pode encontrar seu próprio ritmo. Após dois ou três dias, descobrirá o que se ajusta a você. Para algumas pessoas, repetir muito rapidamente — *aum, aum, aum...* –, quase sobrepondo os sons, se ajusta a elas; para outras, repetir muito lentamente é mais adequado. Portanto, depende de você; continue com o que lhe for mais agradável.

O NOME DE JESUS

Se o nome de Jesus sensibilizar você, sente-se em silêncio e deixe que esse nome o estimule. De vez em quando, diga interiormente "Jesus" e espere. Esse se tornará o seu mantra.

É dessa maneira que um mantra real nasce. Ninguém pode lhe dar um mantra; você precisa encontrá-lo, o que lhe agrada, o que o sensibiliza, o que cria um grande impacto em sua alma. Se é "Jesus", então ótimo. De vez em quando, sente-se em silêncio e apenas repita "Jesus"; espere e deixe que o nome entre fundo, bem fundo nos recessos do seu ser — deixe-o alcançar o próprio âmago. Mas deixe! Se você começar a dançar, bom; se começar a chorar, bom; se começar a rir, bom. Seja lá o que acontecer a partir daí, deixe que aconteça, deixe que seja assim; não interfira, não manipule. Siga em frente e terá seu primeiro vislumbre da prece, da meditação, de Deus. Os primeiros raios começarão a penetrar em sua noite escura da alma.

Servirá qualquer som que lhe pareça estético e belo, qualquer som que crie uma excitação e uma alegria em seu coração. Mesmo se ele não pertencer a nenhuma língua, esse absolutamente não é o x da questão — você pode encontrar sons puros que penetram ainda mais fundo. Porque, quando você usa uma certa palavra, ela tem determinados significados — esses significados criam uma limitação. Quando você usa um som puro, ele não tem limitação, é infinito.

HUMMING*

O *humming* pode ser de imensa ajuda, e você pode praticá-lo em qualquer horário. Pratique-o pelo menos uma vez por dia; se você puder praticá-lo duas vezes por dia, melhor. Ele é uma música interior tão incrível que traz paz a todo o seu ser; suas partes conflitantes começam a se harmonizar e, aos poucos, uma música sutil, a qual você pode ouvir, surge em seu corpo. Após três ou quatro meses, você estará apenas sentado em silêncio e poderá ouvir uma música sutil, uma harmonia interior, um tipo de *humming*. Tudo está funcionando perfeitamente bem, como um carro funcionando em perfeitas condições e cujo motor está fazendo um barulho harmonioso.

Um bom motorista sabe quando algo está errado com o carro. Os passageiros podem não se dar conta, mas o bom motorista sabe imediatamente quando o barulho do carro muda. Então, o som não é mais harmonioso; está acontecendo um novo ruído. Ninguém mais está ciente, mas quem adora dirigir ficará imediatamente consciente de que algo não está indo bem com o carro. O motor não está funcionando como deveria.

Um bom praticante do *humming* aos poucos começa a sentir quando as coisas não estão indo bem. Se você comeu demais, perceberá que sua harmonia interior não está acontecendo e, aos poucos, terá de escolher: comer muito ou ter harmonia interior. E a harmonia interior é tão preciosa, tão divina, um tamanho estado de graça, que quem faz questão de comer muito?

E, sem qualquer esforço para fazer dieta, você perceberá que está comendo de maneira mais equilibrada, e o *humming* vai ainda mais fundo. Você será capaz de perceber quais alimentos perturbam o seu

---

* Nota do tradutor: Humming é a vibração audível das cordas vocais através do som "ummm...", mantendo os lábios encostados um no outro e a língua imóvel. O praticante inspira profundamente e, durante toda a expiração, desencadeia esse som na altura que lhe for mais agradável, mas sempre audível. A tendência é essa vibração das cordas vocais se irradiar para o pescoço, cabeça e outras partes do corpo.

humming; você come algo pesado e ele permanece muito tempo em seu organismo; então o *humming* não é tão perfeito.

Uma vez que o *humming* se aprofunde, você saberá quando a sexualidade surge e quando não surge. E, se um casal pratica o *humming*, uma grande harmonia surge entre os dois e, aos poucos, eles ficam intuitivos, começam a sentir quando o outro está triste. Não há necessidade de dizer; quando o companheiro está cansado, a companheira instintivamente sabe disso, porque ambos funcionam num só comprimento de onda.

Meditação é sensibilidade total.

MEDITAÇÃO NADABRAHMA DE OSHO

A Nadabrahma é uma antiga técnica tibetana que, originalmente, era praticada de madrugada. Ela pode ser feita a qualquer hora do dia, e você pode praticá-la sozinho ou com outras pessoas, mas esteja com o estômago vazio e mantenha-se inativo durante pelo menos quinze minutos após a meditação. Ela tem a duração de uma hora e se divide em três estágios.

Primeiro estágio: trinta minutos

Sente-se numa posição relaxada com os olhos fechados e os lábios encostados um no outro. Comece o humming *alto o bastante para ser ouvido por outras pessoas; deixe que a vibração do* humming *se espalhe por todo o seu corpo. Você pode visualizar um tubo oco ou um recipiente vazio preenchido somente com as vibrações do* humming. *Chega um ponto em que o* humming *continua por si mesmo, e você se torna o ouvinte. Não há uma respiração especial, e você pode alterar a entonação do som e mover o corpo suave e lentamente, se sentir vontade.*

Segundo estágio: quinze minutos

O segundo estágio é dividido em duas partes de sete minutos e meio cada uma. Na primeira metade, mova as mãos, com as palmas para cima, num movimento circular para fora. Comece na altura do umbigo, com ambas as mãos se movendo para a frente e depois se separando, fazendo dois grandes círculos que se espelham, um à direita e outro à esquerda. O movimento deve ser tão lento que, às vezes, parecerá que não está havendo movimento algum. Sinta que você está oferecendo energia ao universo.

Após sete minutos e meio, volte as mãos para perto do umbigo, colocando agora as palmas para baixo, e comece a movê-las no sentido contrário ao realizado na primeira parte deste estágio, fazendo igualmente dois grandes círculos que se espelham, um à direita e outro à esquerda. Sinta que você está recebendo energia. Como no primeiro estágio, não iniba nenhum movimento lento e suave do resto do corpo.

Terceiro estágio: quinze minutos
Sente-se absolutamente quieto e imóvel.

NADABRAHAMA PARA CASAIS

Osho ensinou uma bela variação dessa técnica para casais.

Os parceiros sentam-se um em frente ao outro, cobertos com um lençol e segurando as mãos um do outro. É melhor não estarem vestidos. O quarto deveria ser iluminado com quatro velas, e acenda um determinado incenso, que só deveria ser usado para esta meditação.

Fechem os olhos e façam o humming *juntos durante trinta minutos. Após um tempo, dará para perceber as energias se encontrando, se fundindo, se unindo.*

SOBRE OS MOSQUITOS

Os mosquitos são antigos praticantes de meditação que fracassaram... Daí eles serem contra qualquer um que esteja se saindo bem na meditação. Eles são muito invejosos... Assim, sempre que você medita, lá estão eles para perturbar, para distrair.

E isso não é novidade; sempre foi assim. Em todas as escrituras antigas, isso é mencionado! Particularmente nas escrituras jainistas, porque o monge jainista não usa nenhuma roupa. Pense num monge jainista sem roupa, e na Índia, tantos mosquitos! Mahavira teve de dar instruções específicas sobre que atitude ter com relação aos mosquitos. Ele disse a seus discípulos para aceitarem quando os mosquitos atacarem. Essa é a distração suprema. Se você puder ganhar essa, então não haverá outra dificuldade, não haverá uma dificuldade maior do que essa. E, quando ele diz isso, ele sabe! Viver sem roupas na Índia é uma tarefa difícil.

Certa vez estive em Sarnath, onde Buda girou a roda do *dhamma*, onde Buda proferiu seu primeiro sermão, o sermão mais importante, que se tornou o início de uma nova tradição. Eu estava com um monge budista.

Eu já vi mosquitos, mas nada comparado com os de Sarnath. Os mosquitos de Puna não são nada! Sintam-se muito felizes! Vocês são felizardos por eu não estar em Sarnath. Eles eram realmente enormes!

Até mesmo durante o dia costumávamos nos sentar sob um mosquiteiro. Eu e o monge budista estávamos conversando, eu numa esteira sob um mosquiteiro, e ele em outra sob outro mosquiteiro.

Eu disse: "Nunca mais voltarei aqui", porque ele estava me convidando para voltar. Eu afirmei: "Nunca, nunca! Esta é a primeira e a última vez".

Ele comentou: "Isso me faz lembrar... Através dos tempos, os monges budistas riem e contam piadas sobre o motivo de Buda nunca ter voltado a Sarnath. Ele veio somente uma vez; proferiu o primeiro sermão e fugiu!"

Em outros lugares, ele voltava muitas vezes. Deve ter ido pelo menos trinta vezes a Shravasti, pelo menos quarenta vezes a Rajgir, e assim por diante. Em todo lugar que ia, ele voltava. Mas Sarnath... somente uma vez. Ele nunca mais voltou a esse lugar.

E o monge continuou: "Foi por causa destes mosquitos. E você também está dizendo que não voltará".

Eu lhe disse: "Pelo menos numa coisa seguirei Buda! Em outras coisas não posso segui-lo — preciso ser uma luz para mim mesmo –, mas sobre isso, deixe que ele seja a luz!"

Sei que é difícil, muito difícil, mas você terá de aprender. Não se distraia. Isso não significa que você deva permitir que os mosquitos o explorem! Proteja-se de todas as maneiras possíveis, mas sem ansiedade, sem irritação. Proteja-se, evite os mosquitos, afaste-os, expulse-os, mas sem irritação. Eles estão fazendo a parte deles, e isso precisa ser aceito. Eles não têm nada pessoal contra você. "Alguém" precisa ser o café da manhã, o almoço ou o jantar deles; então, seja educado. Você tem todo o direito de se proteger, mas não há necessidade de ficar irritado. A irritação perturbará a meditação, e não o mosquito. Você pode expulsar o mosquito de forma muito meditativa e atenta, com plena consciência, sem irritação. Tente!

O problema real nunca vem de fora; o problema real sempre vem da sua irritação interior. Por exemplo, cachorros podem estar latindo lá fora e você está meditando. Imediatamente você fica com raiva: "Esses malditos cachorros!" Mas eles de maneira nenhuma estão perturbando a sua meditação; eles estão simplesmente curtindo a vida! Eles devem ter visto um guarda, um carteiro ou um *sannyasin*! Os cachorros são muito contrários a uniformes, são muito antiuniformes. No momento em que veem um uniforme, começam a latir. Eles não acreditam em uniformes e têm o direito de ter suas próprias crenças. Mas eles não estão tentando perturbá-lo.

Os mosquitos estão "na deles". Você precisa se proteger, precisa ficar "na sua", mas não se irrite. Somente a irritação é o problema. E, se você não se irritar, se não se distrair por nenhum incômodo que os mosquitos estejam criando à sua volta, você se sentirá até mesmo grato a eles: eles estão lhe dando uma chave secreta.

Se você não se distrair com os mosquitos, nada poderá distraí-lo; então, você chegou à estabilidade do verdadeiro estado de meditação.

Meditação nada mais é do que voltar para casa e descansar um pouco interiormente. Ela não é entoar um mantra, nem mesmo é uma prece; ela é apenas voltar para casa e descansar um pouco. Meditação não é ir a algum lugar, mas apenas estar onde você está. Não existe outro "onde" — apenas estar onde você está, apenas ocupar este espaço em que você está.

À NOITE

FANTASIA, PRECE E AMOR

Toda meditação é essencialmente a experiência do sexo sem sexo.

TORNE-SE UM BAMBU OCO

A meditação é uma maneira de chegar a um acordo com a própria solidão, ter um encontro com a própria solidão — em vez de fugir dela, mergulhar fundo nela e perceber exatamente o que ela é. Então você terá uma surpresa. Se você penetrar na sua solidão, ficará surpreso: no próprio centro dela, ela não é solidão. Aí reside a solitude, que é um fenômeno totalmente diferente.

A circunferência consiste na solidão e o centro consiste na solitude; a circunferência consiste em estar solitário e o centro consiste na solitude. E depois de conhecer sua bela solitude, você será uma pessoa totalmente diferente — você nunca se sentirá solitário. Até mesmo nas montanhas ou nos desertos, onde estará absolutamente sozinho, você não se sentirá solitário — porque, em sua solitude, você sabe que Deus está com você; em sua solitude, você está tão profundamente enraizado no divino que não se importa se há ou não outra pessoa com você. Você está tão repleto, tão rico por dentro...

No momento, mesmo na multidão você está solitário. E estou dizendo: se você conhecer sua solitude, até mesmo na sua solidão não estará solitário.

Então, a pessoa começa a transbordar como uma fonte. A partir dessa solitude, surge a fragrância do amor, e a partir dessa solitude, surge a criatividade — porque, a partir dessa solitude, Deus começa a fluir. Você se torna um bambu oco... Ele começa a cantar, mas a canção sempre é Dele.

À noite, exatamente ao contrário da manhã, fique completamente relaxado; não se preocupe com nada. A noite veio, o sol se pôs; agora tudo está partindo para o repouso. Entre no repouso.

MEDITE COM A LUZ

Quanto mais você meditar com a luz, mais ficará surpreso, pois algo dentro de você começará a se abrir, assim como um botão se abre e se torna uma flor.

A meditação com a luz é uma das meditações mais antigas. Em todas as épocas, em todos os países, em todas as religiões, ela foi enfatizada por uma razão particular: no momento em que você medita com a luz, algo dentro de você, que tem sido só um botão, começa a desabrochar. A própria meditação cria um espaço para que suas pétalas se abram.

Assim, deixe que esta seja a sua meditação. Sempre que você tiver tempo, feche os olhos e visualize luz. E sempre que você se deparar com alguma luz, entre em sintonia com ela. Não a ignore; seja reverente com relação a ela. Pode ser um nascer do sol, pode ser apenas uma vela no quarto, mas tenha uma atitude de respeito para com ela e você se beneficiará muito.

Se a pessoa continuar a se sentir em sintonia com a luz, grande será a sua bênção.

TRATAK – A TÉCNICA DO OLHAR FIXO

Se por alguns meses você olhar para uma chama durante uma hora todos os dias, seu terceiro olho começará a funcionar perfeitamente. Você ficará mais alerta, mais repleto de luz.

A palavra *tratak* vem de uma raiz que significa lágrima; assim, você deve olhar para a chama até que lágrimas comecem a escorrer dos seus olhos. Insista em fixar o olhar, sem piscar, e o terceiro olho começará a vibrar.

A técnica da fixação do olhar não está realmente relacionada com o objeto, mas com a própria fixação do olhar. Porque, quando você fixa o olhar sem piscar os olhos, você fica focado, e a natureza da mente é estar constantemente em movimento. Se você estiver de fato olhando fixo e sem se mover, fatalmente a mente ficará em dificuldade.

A natureza da mente é mover-se de um objeto para outro, e mover-se constantemente. Se você fixar o olhar na escuridão, na luz ou em qualquer outra coisa, se realmente fixar o olhar, o movimento da mente cessa. Porque, se a mente continuar a se mover, o olhar fixo não acontecerá; você perderá continuamente o objeto. Quando a mente se mover para algum outro lugar, você se esquecerá, não será capaz de se lembrar do que estava olhando. O objeto estará ali fisicamente, mas, para você, ele terá desaparecido, pois você não estará presente; você se perdeu em pensamentos.

Olhar fixo, *tratak*, significa não permitir que sua consciência se mova. E, quando você não permite que a mente se mova, no começo ela luta, luta arduamente. Mas, se você insistir em praticar o olhar fixo, aos poucos a mente perde a batalha. Por momentos ela para. E, quando a mente para, não há mente, porque ela só pode existir no movimento, o pensamento só pode existir no movimento. Quando não há movimento, o pensamento desaparece; você não pode pensar, porque pensar significa movimento — movendo-se de um pensamento a outro. Trata-se de um processo.

Se você fixar continuamente o olhar numa coisa, permanecendo inteiramente consciente e alerta... porque você pode fixar o olhar com olhos amortecidos, e assim poderá continuar a pensar — somente olhos, olhos amortecidos, não olhando de fato. Então a sua mente estará se movendo, e isso não será de grande ajuda. Olhar fixo significa que não apenas os olhos, mas a mente total está focada por meio dos olhos.

Dessa maneira, seja qual for o objeto... Ele depende: se você gosta de luz, que seja a luz; se você gosta da escuridão, ótimo. Seja qual for o objeto, ele é realmente irrelevante. A questão é parar a mente completamente com o seu olhar fixo, é focá-la, de tal modo que os movimentos, as inquietações e as oscilações interiores cessem. Você está simplesmente olhando, sem nada fazer. Esse olhar profundo o transformará completamente. Ele se tornará uma meditação.

OLHE FIXAMENTE O ESPELHO

Feche as portas de seu quarto e fique diante de um grande espelho. O quarto tem de estar escuro. Coloque uma vela ao lado do espelho de modo que ela não se reflita diretamente nele. Apenas o seu rosto deve se refletir no espelho, e não a chama. Então, olhe fixamente em seus próprios olhos no espelho, sem piscar. Esse é um experimento de quarenta minutos, e em dois ou três dias você será capaz de ficar sem piscar.

Mesmo se surgirem lágrimas, deixe-as vir, mas persista sem piscar e continue constantemente fitar os seus olhos. Não desvie o olhar; continue a encarar os próprios olhos, e dentro de dois ou três dias você ficará consciente de um fenômeno muito estranho. Seu rosto começará a assumir novas formas, o que poderá até assustá-lo. A face no espelho começará a mudar. Algumas vezes um rosto muito diferente estará lá, o qual você nunca identificou como sendo seu.

Mas, na verdade, todos esses rostos lhe pertencem. Agora a mente subconsciente está começando a eclodir. Essas faces, essas máscaras, são suas. De vez em quando, até mesmo o rosto de uma vida passada pode aparecer. Após uma semana de constante fixação durante quarenta minutos, seu rosto se tornará um fluxo, como um filme. Muitos rostos estarão aparecendo e desaparecendo constantemente. Após três semanas, você não será capaz de se lembrar de qual é o seu rosto, não será capaz de se lembrar do seu próprio rosto, porque viu muitos rostos aparecerem e desaparecerem.

Se você continuar, num certo dia, após três semanas, acontecerá a coisa mais estranha — de repente não haverá nenhum rosto no espelho. O espelho estará vazio, você estará fitando o vazio. Não haverá absolutamente nenhum rosto. *Esse* será o momento de fechar os olhos e encontrar o inconsciente.

Você estará despido — completamente despido, como *você é*. Todas as ilusões cairão por terra.

OLHE FIXAMENTE O SER DE BUDA

Tenha uma pequena estátua de Buda em seu quarto e, sempre que você tiver tempo, olhe para ela.

As estátuas de Buda não foram criadas apenas para serem imagens, mas para serem objetos de meditação. Elas não representam o Buda real — ele não era assim. A estátua é uma metáfora. Em vez de representar a forma física de Buda, ela representa sua graça interior. Não é que ele tivesse a mesma forma física, a mesma face, o mesmo nariz e olhos; esse absolutamente não é o ponto. Ela não é realista — é surrealista. Ela diz algo do real que está além da chamada realidade. Apenas ao olhá-la, a pessoa pode entrar em meditação.

Foi por isso que milhares de estátuas de Buda foram criadas; nenhuma outra pessoa teve tantas estátuas quanto Buda. Existem templos que têm dez mil estátuas de Buda apenas para criar uma atmosfera meditativa. Para onde você olhar, verá Buda, em toda a volta: a forma de Buda, o ser de Buda, aquele silêncio, aquela graça, aqueles olhos fechados, aquela postura imóvel, aquele equilíbrio, aquela simetria. Essas estátuas de Buda são músicas esculpidas, são sermões esculpidos em pedra.

SHIVA NETRA

Esta meditação do terceiro olho tem dois estágios, repetidos três vezes — um total de seis estágios de dez minutos cada.

Primeiro estágio: dez minutos

Sente-se totalmente imóvel e, com os olhos suavemente focados, observe uma luz azul.

Segundo estágio: dez minutos

Feche os olhos e, suave e gentilmente, balance o corpo de um lado para outro.

Repita isso três vezes.

ESTRELA INTERIOR

Entre cada vez mais em sintonia com as estrelas. Sempre que o céu estiver aberto à noite e der para ver as estrelas, deite-se na terra e observe-as. Se você se sentir ligado a uma determinada estrela, concentre-se nela. Enquanto estiver se concentrando, pense em si mesmo como sendo um pequeno lago e que a estrela está refletida profundamente dentro de você. Assim, veja a estrela fora e veja-a refletida dentro de você. Essa se tornará sua meditação, e uma grande alegria surgirá a partir dela. Uma vez que tenha entrado em sintonia com ela, você pode simplesmente fechar os olhos e ver aquela estrela, a sua estrela; mas primeiro terá de encontrá-la.

No Oriente, há um mito de que cada pessoa tem uma certa estrela. Todas essas estrelas não são para todos; cada um tem uma estrela própria. Esse é um belo mito.

No que se refere à meditação, você pode encontrar uma estrela que lhe pertence e a qual você pertence. Surgirá uma certa afinidade entre você e a estrela, pois somos feitos de luz, assim como as estrelas. Nós vibramos como luz, assim como as estrelas. Você sempre pode encontrar uma estrela com a qual se sente sintonizado, uma que tenha o mesmo comprimento de onda que você. Essa é a sua estrela; medite com ela. Aos poucos, deixe-a ficar dentro de você. Observe-a, depois feche os olhos e veja-a dentro de você; abra os olhos, observe-a; feche os olhos, veja-a dentro de você. Logo você a descobrirá dentro de si. Então, sempre que você fechar os olhos, a encontrará em seu interior.

E, quando você começar a senti-la dentro de você, sinta-a próxima ao umbigo, a cinco centímetros abaixo do umbigo. Deposite-a ali; continue a depositá-la ali e logo sentirá uma luz intensa surgindo dentro de você, como se, de fato, uma estrela estivesse irradiando a sua luz. E não será apenas você que sentirá isso; outras pessoas também começarão a sentir que um certo tipo de luz começou a circundar seu corpo e seu rosto. Olhe as estrelas por algumas noites e será capaz de encontrar a sua estrela.

MEDITAÇÃO DA LUA

Comece esta meditação três dias antes da lua cheia. Fique ao ar livre, olhe para a lua e comece a balançar o corpo. Sinta como se você tivesse entregado tudo a ela — fique possuído. Olhe para a lua, relaxe, diga-lhe que você está à disposição dela e peça-lhe para fazer o que ela quiser. Então, seja lá o que acontecer, deixe que aconteça.

Se você sentir vontade de balançar o corpo, balance-o; se sentir vontade de dançar ou cantar, faça isso. Mas tudo deve acontecer como se você estivesse possuído — você não é o agente. Trata-se de um acontecer, e você é apenas um instrumento.

Faça isso nos três dias que antecedem a lua cheia, e enquanto ela estiver ficando cada vez mais cheia, você começará a sentir cada vez mais energia e se sentirá cada vez mais possuído. Quando chegar a lua cheia, você estará completamente arrebatado. Com uma hora de dança e arrebatamento, você se sentirá relaxado como nunca se sentiu antes.

DURMA COMO O UNIVERSO

Sente-se em silêncio e medite, considerando o fato de que você é ilimitado, de que as fronteiras do universo são as suas fronteiras. Sinta-se expandido, como se tudo estivesse dentro de você: o sol nasce em você, as estrelas se movem dentro de você, as árvores crescem e os mundos surgem e desaparecem — e sinta-se imensamente bem-aventurado nesse estado expandido de consciência. Essa se tornará sua meditação.

Assim, sempre que você tiver tempo e não estiver fazendo nada, sente-se em silêncio e sinta-se expandir. Abandone as fronteiras, salte para fora das fronteiras. No começo, por alguns dias, isso parecerá loucura, porque já estamos acostumados com as fronteiras. Na verdade, não existem fronteiras. A limitação é uma limitação da mente. Porque acreditamos que somos limitados, somos assim.

Sinta essa expansão oceânica tantas vezes quanto possível e logo você começará a se sintonizar com ela. Então, apenas uma pequena intenção de senti-la e ela estará presente. Todas as noites, quando você for dormir, sinta essa consciência expandida. Adormeça como se estrelas estivessem se movendo dentro de você; o mundo está vindo e desaparecendo dentro de você. Durma como o universo. Pela manhã, no primeiro momento em que você perceber que o sono se foi, de novo se lembre dessa expansão e se levante da cama como o universo. E durante o dia também, tantas vezes quanto puder, lembre-se disso.

FANTASIA

De vez em quando, tente fazer isso num cinema. Esta é uma boa meditação. Tente se lembrar de que o filme é irreal, de que o filme é irreal... insista em se lembrar de que ele é irreal e de que a tela está vazia. Você ficará surpreso: por alguns segundos poderá se lembrar, mas de novo se esquecerá, de novo o filme se tornará uma realidade. Sempre que você se esquece de si mesmo, o sonho se torna real; sempre que você desperta a si mesmo, que se lembra de si mesmo — de que sou real –, a tela se torna irreal e tudo o que estiver acontecendo se torna irreal.

MEDITAÇÃO DENTRO DA MEDITAÇÃO

À noite, apague a luz, sente-se na cama e feche os olhos. Imagine-se numa floresta: grandes árvores, mata virgem... Imagine-se lá e comece a caminhar. Deixe que as coisas aconteçam, não force, não diga: "Gostaria de me aproximar daquela árvore" — não, apenas caminhe. Ande na floresta de cinco a sete minutos; você perceberá uma caverna e se aproximará dela.

Sinta tudo em detalhes — sinta a terra sob seus pés, toque as paredes de pedra da caverna com a mão, sinta a sua textura, o frescor. Próximo à caverna você encontrará uma cachoeira, uma pequena cachoeira... e o som da água caindo. Escute-a e escute o silêncio da floresta, os pássaros... Sinta toda a experiência. Depois, sente-se na caverna e comece a meditar. É uma meditação dentro da meditação. Você já viu as chamadas caixas chinesas? Uma caixa dentro de outra, dentro de outra...

SEJA UM ANIMAL!

Comece a praticar esta meditação à noite. Sinta-se como se você não fosse um ser humano. Você pode escolher o animal que quiser: se gosta de gato, ótimo; se gosta de cachorro, ótimo... ou um tigre, fêmea ou macho — o que você quiser. Escolha, mas mantenha a sua escolha. Torne-se aquele animal. Ande de quatro pelo quarto e torne-se esse animal.

Durante quinze minutos, desfrute essa fantasia tanto quanto puder. Se você for um cachorro, comece a latir e faça coisas que se espera que um cachorro faça — e realmente faça! Divirta-se com isso! E não controle, porque um cachorro não pode controlar. Ser cachorro significa ter absoluta liberdade; portanto, tudo o que acontecer no momento, faça. Nesse momento, não traga o elemento humano do controle. Seja obstinadamente um cachorro; durante quinze minutos, caminhe sem destino pelo quarto... rosne, pule...

Essa prática será muito útil, pois você precisa de um pouco mais de energia animal. Você é exageradamente sofisticado e civilizado, e isso o está mutilando. Muita civilização é algo paralisante; ela é boa em dose pequena, mas em demasia é muito perigosa. O melhor seria que você sempre fosse capaz de ser um animal. Seu animal precisa ser liberado.

Se você puder aprender a ser um pouco selvagem, todos os seus problemas desaparecerão. Comece esta noite — e desfrute!

Com relação à meditação, você pode apenas fazer coisas que facilitem que ela aconteça. Você não pode provocá-la, não pode manipulá-la. Uma meditação manipulada não será de nenhum valor.

SEJA O MAIS NEGATIVO QUE PUDER

Durante sessenta minutos, tente este método todas as noites. Durante quarenta minutos, seja negativo — tanto quanto puder. Feche as portas, coloque almofadas pelo quarto, tire o telefone do gancho e diga a todos da casa que você não quer ser perturbado durante uma hora. Coloque um aviso na porta dizendo que você não deve ser importunado. Torne as coisas tão sombrias quanto possível; coloque alguma música depressiva e sinta-se pesado. Sente-se e sinta-se negativo. Repita "não" como um mantra.

Imagine cenas do passado — quando você estava muito desanimado, lúgubre, queria se matar e não havia entusiasmo pela vida — e as exagere. Crie toda a situação à sua volta. Sua mente o distrairá e dirá: "O que você está fazendo? A noite está tão bonita, a lua está cheia!" Não escute a mente, diga-lhe que ela pode opinar mais tarde, mas que agora você está completamente entregue à negatividade. Seja religiosamente negativo. Chore, lamente-se, choramingue, berre, pragueje — tudo o que você quiser fazer –, mas lembre-se de uma coisa: não fique feliz, não permita nenhuma felicidade. Se você se apanhar feliz, imediatamente dê um tapa em si mesmo! Traga-se de volta à negatividade e comece a bater nas almofadas, brigando com elas, pulando sobre elas... Seja detestável! E você perceberá que é muito, muito difícil ser negativo nesses quarenta minutos.

Esta é uma das leis básicas da mente: tudo o que você fizer conscientemente, não poderá fazer. Mas faça e, quando você fizer conscientemente, sentirá uma separação. Você está fazendo, mas, ainda assim, é uma testemunha, não está perdido no ato. Surge um distanciamento, e esse distanciamento é imensamente belo. Mas não estou dizendo para você criar esse distanciamento; ele é um subproduto — você não precisa se preocupar com ele.

Depois de quarenta minutos, subitamente saia da negatividade. Afaste-se das almofadas, acenda a luz, coloque uma música agradável e dance durante vinte minutos. Diga: "Sim! Sim! Sim!...", deixe que esse seja seu mantra. E, depois, tome um bom banho. Isso desenraizará toda a negatividade e lhe dará um novo vislumbre do que é dizer sim. E religião nada mais é do que chegar a dizer sim. Fomos treinados a dizer não — é assim que toda a sociedade se tornou feia.

Essa estratégia o limpará completamente. Você tem energia, mas à volta dela há rochas negativas, e elas não permitem que ela se manifeste. Uma vez removidas essas rochas, você terá um belo fluxo. Ela está presente, pronta para sair, mas primeiro você precisa penetrar na negatividade. Sem entrar fundo no não, ninguém pode atingir o auge do sim. Você precisa dizer não, e, a partir daí, vem o sim.

"SIM, SIM, SIM"

Faça do "sim" um mantra. Todas as noites, antes de ir dormir, repita "sim, sim" e entre em sintonia com o sim, esteja com ele, deixe que ele envolva todo o seu ser, dos dedos dos pés à cabeça. Deixe que ele penetre... Repita: "Sim, sim, sim..." Durante dez minutos à noite, deixe que essa seja a sua prece e, depois, vá dormir. E cedo pela manhã, de novo, pelo menos durante três minutos, sente-se em sua cama, e a primeira coisa a fazer é repetir "sim" e entrar em sua sensação. E durante o dia, sempre que você começar a se sentir negativo, pare onde estiver e, se puder dizer em voz alta: "Sim, sim", será bom. Se não puder, pelo menos diga interiormente: "Sim, sim".

UM CURTO E INTENSO CHACOALHO

Apague a luz e fique em pé no escuro. Então, comece a chacoalhar a cabeça, apenas a cabeça. Desfrute o chacoalho e procure senti-lo por dentro. Depois, chacoalhe a parte superior do corpo — a cabeça, as mãos, o tronco; não chacoalhe a parte inferior. Quando você sentir que está desfrutando isso, então chacoalhe a parte inferior do corpo. E, quando sentir que está desfrutando também isso, chacoalhe todo o corpo. Portanto, chacoalhe em três partes: primeiro a cabeça, apenas a cabeça; depois o tronco; em terceiro lugar, todo o corpo.

Comece pela cabeça. No começo, é mais fácil sentir a cabeça, pois a consciência está muito próxima e o testemunhar acontece mais facilmente — e desfrute.

Quando você estiver chacoalhando todo o corpo, descubra qual é a postura que você sente como a mais graciosa, a mais confortável. Após três minutos, assuma essa postura — qualquer uma, com as mãos erguidas, o corpo inclinado para a frente ou para um lado ou qualquer outra, e mantenha essa postura durante quatro minutos.

Essa é uma meditação de dez minutos: um minuto chacoalhando a cabeça, dois minutos chacoalhando o tronco, três minutos o corpo inteiro e, durante quatro minutos, imobilize-se como se você tivesse se tornado uma estátua.

Sinta todos os quatro estágios. Ao chacoalhar, sinta a energia se agitar... depois todo o corpo se torna um turbilhão de energia, um ciclone. Sinta isso, como se você estivesse dentro de si um ciclone. E, depois, fique subitamente imóvel, como uma estátua — e então sentirá o centro. Dessa maneira, você atinge o centro através do ciclone.

Minhas meditações são para trazê-lo de volta à sua infância — quando você não era respeitável, quando podia fazer maluquices, quando era inocente, não corrompido pela sociedade, antes de aprender os truques do mundo... quando você era de um outro mundo, quando não era mundano. Gostaria que você voltasse a esse ponto e, a partir dele, começasse de novo.

E essa é a sua vida. A respeitabilidade ou o dinheiro são prêmios tolos, e não prêmios reais. Não se deixe enganar por eles.

TIRE SUA ARMADURA

À noite, quando você for dormir, tire as roupas e, enquanto as tira, imagine que não está apenas tirando as roupas, mas também sua armadura. Faça realmente isso. Tire as roupas e respire fundo — e depois vá dormir como se estivesse sem armadura, sem nada sobre o corpo e sem restrições.

"OH"

Antes de dormir, apague a luz, sente-se na cama, feche os olhos e expire profundamente pela boca soltando o som "oh". A barriga se contrai, o ar sai e você provoca o som "oh". Lembre-se: não estou dizendo *"aum"*, mas simplesmente "oh". Ele se tornará *aum* automaticamente; você não precisa torná-lo *aum*, pois então ele seria falso. Simplesmente crie o som "oh".

Você relaxará e seu sono terá uma qualidade diferente — totalmente diferente. E seu sono precisa ser transformado. Somente então você poderá se tornar mais alerta e consciente. Assim, começaremos por alterar o sono.

Ao expirar completamente pela boca, provocando o som "oh" e sentindo agora que nenhuma expiração é possível, pois todo o ar saiu, pare por um momento. Não inspire, não expire. Pare! Nessa parada, você é o divino; nessa parada, você não está fazendo coisa alguma, nem mesmo respirando; nessa parada, você está no oceano. O tempo não está presente, porque o tempo se move com a respiração. É como se toda a existência parasse com você. Nessa parada, você pode ficar consciente da fonte mais profunda de seu ser e de sua energia. Assim, por um único momento, pare.

Depois, inspire pelo nariz. Mas não faça nenhum esforço para inspirar. Lembre-se: faça todo esforço para expirar, mas não faça nenhum esforço para inspirar. Deixe que o corpo inspire. Simplesmente relaxe e deixe que o próprio corpo faça a inspiração. Não faça nada.

A vida respira por si mesma, ela se move por si mesma em seu próprio curso. Ela é um fluxo; desnecessariamente você insiste em empurrá-la. Você perceberá que o corpo inspirará. Seu esforço não é necessário, seu ego não é necessário, você não é necessário. Você simplesmente se torna um observador e percebe o corpo inspirando. Um profundo silêncio será sentido.

Após o corpo fazer uma inspiração completa, novamente pare por um momento e novamente observe. Esses dois momentos são totalmente diferentes. Quando você expirou completamente e parou, essa parada é a morte. Quando o corpo inspirou completamente e parou, essa parada é o clímax da vida. Lembre-se: a inspiração é equivalente à vida, a expiração é equivalente à morte.

Sinta os dois momentos! É por isso que digo para você parar duas vezes — uma vez após a expiração e, de novo, após a inspiração, para que você possa sentir ambas: a vida e a morte. Uma vez que saiba que "isso" é vida e que "aquilo" é morte, você transcendeu ambas.

A testemunha não é morte nem vida; ela nunca nasce e nunca morre. Somente o corpo morre — o mecanismo. Você se tornou o terceiro elemento.

Faça essa meditação durante vinte minutos e, depois, vá dormir.

MEDITAÇÕES DA VIDA E DA MORTE

À noite, antes de dormir, faça esta meditação de quinze minutos. Ela é uma meditação da morte. Deite-se e relaxe o corpo. Sinta como se você estivesse morrendo e que não pode mexer o corpo por estar morto. Crie a sensação de que você está desaparecendo do corpo. Faça isso durante dez ou quinze minutos e começará a sentir isso dentro de uma semana. Medite dessa maneira e adormeça. Não faça uma interrupção:

deixe que a meditação se transforme em sono; assim, se o sono tomar conta de você, entregue-se a ele.

Pela manhã, no momento em que você sentir que está acordado — não abra os olhos –, faça a meditação da vida. Sinta que você está ficando inteiramente vivo, que a vida está voltando e que todo o corpo está repleto de vitalidade e energia. Comece a se mover, balance o corpo na cama com os olhos fechados. Sinta que a vida está fluindo dentro de você, sinta que o corpo tem um grande fluxo de energia — exatamente o oposto da meditação da morte. Assim, faça a meditação da morte à noite antes de adormecer, e a meditação da vida antes de se levantar.

Com a meditação da vida você pode respirar profundamente. Sinta-se repleto de energia... a vida entrando com a respiração. Sinta-se repleto e muito feliz, vivo. Depois, após quinze minutos, levante-se.

TOME UMA MAMADEIRA

Todas as noites, antes de dormir, tome uma mamadeira com leite. Acomode-se como uma criança e comece a sugar a mamadeira. Algo, bem dentro de você, será satisfeito.

Não é possível para você se expor totalmente na frente de uma outra pessoa. Por isso, no Oriente, nunca desenvolvemos algo como a psicanálise; nós desenvolvemos a meditação. Isso é expor a si mesmo em frente de si mesmo. Essa é a única possibilidade de ser inteiramente verdadeiro, porque não há medo.

Osho ensinou algumas técnicas para nos ajudar a encarar o medo em qualquer forma que ele apareça e a aceitá-lo.

ENTRE EM SEU MEDO

Todas as noites, durante quarenta minutos, viva o seu medo. Sente-se no quarto, apague a luz e comece a se sentir com medo. Pense em todas as coisas horríveis, como fantasmas, demônios e tudo o que você puder imaginar nesse sentido. Crie-os, imagine que eles estão dançando à sua volta e tentando agarrá-lo por meio de todas as forças do mal. Fique realmente abalado com toda a sua imaginação e vá até o extremo dela — eles estão matando-o, estão tentando estuprá-lo, estão sufocando-o. E não se trata apenas de um ser imaginário, ou de dois, mas de muitos; por todos os lados eles estão fazendo coisas a você. Entre no medo o mais profundamente possível e, não importa o que aconteça, passe por isso.

E o segundo ponto: durante o dia ou a qualquer hora, sempre que o medo surgir, aceite-o, não o rejeite, não considere que ele seja algo errado que você precisa sobrepujar; ele é natural. Ao aceitá-lo e ao expressá-lo à noite, as coisas começarão a mudar.

ENTRE EM SEU VAZIO

Todas as noites, antes de você ir dormir, comprometa-se a fechar os olhos e, durante vinte minutos, entrar em seu vazio. Aceite-o, deixe que ele esteja ali. Surge o medo — deixe que ele também esteja ali. Trema de medo, mas não rejeite esse espaço que está surgindo. Dentro de duas ou três semanas, você será capaz de sentir a sua beleza, a sua bênção. Uma vez alcançada essa bênção, o medo desaparecerá por si mesmo. Você não precisa lutar contra ele. Dentro de três semanas, um dia, de repente, você perceberá uma grande bênção surgindo, uma grande elevação de energia, uma grande qualidade de alegria em seu ser, como se a noite tivesse acabado e o sol surgisse no horizonte.

VOLTE AO ÚTERO

Antes de você ir dormir, sente-se em sua cama — sente-se de maneira relaxada — e feche os olhos. Sinta o corpo relaxando... Se o corpo começar a se inclinar para a frente, deixe, ele pode se inclinar para a frente. Ele pode querer ficar na posição fetal. Se você sentir vontade de ficar assim, assuma a posição fetal, torne-se um feto no útero da mãe.

Depois, escute sua respiração, e nada mais. Apenas a escute — o ar entrando, o ar saindo. Não estou dizendo para dizer isso, mas apenas para sentir o ar entrando e, quando ele estiver saindo, senti-lo saindo.

Sinta apenas e, nessa sensação, você sentirá um profundo silêncio e clareza.

Faça isso durante apenas dez ou vinte minutos — no mínimo dez, no máximo vinte — e depois vá dormir.

DEIXE SUA VOZ SAIR

Quando a meditação libera energia em você, ela encontra várias maneiras de se expressar. Depende de que tipo de talento você tenha. Se você for pintor e a meditação liberar energia, você pintará mais, pintará loucamente, você se esquecerá de tudo, do mundo inteiro. Toda a sua energia será trazida à pintura. Se você for dançarino, sua meditação fará de você um dançarino muito profundo. Depende da capacidade, do talento, da individualidade, da personalidade. Assim, ninguém sabe o que irá acontecer. Algumas vezes acontecem mudanças repentinas. Uma pessoa que era muito silenciosa, que não era um tipo falante, de repente se torna falante. Isso podia ter sido reprimido, ela talvez nunca teve permissão de falar. Quando a energia surge e flui, ela pode começar a falar.

Todas as noites, antes de você ir dormir, durante quarenta minutos sente-se encarando uma parede e comece a falar — fale alto. Desfrute isso, entre nisso. Se você descobrir que há duas vozes, então fale de ambos os lados. Dê o seu apoio a um lado, depois responda do outro e perceba como você pode criar um belo diálogo.

Não tente manipular, pois você não está dizendo isso ou aquilo para alguém. Se for algo maluco, deixe que seja. Não tente cortar ou censurar nada, porque então todo o sentido será perdido.

Faça isso por pelo menos dez dias. Coloque toda a sua energia nisso.

Mais cedo ou mais tarde, a pessoa precisa entrar em acordo com a própria solidão. Uma vez que você a encare, ela muda o seu colorido, a sua qualidade; seu sabor fica totalmente diferente. Ela se torna solitude. Então, ela não é isolamento; é solitude. O isolamento contém infelicidade em si; a solitude tem a amplitude do estado de graça.

Não posso primeiro abrir as portas do paraíso e você não pode ficar silencioso sem antes ficar totalmente louco.

MEDITAÇÃO GIBBERISH

Esta é uma técnica altamente catártica que estimula movimentos corporais expressivos. Ela se contrapõe à delicada Meditação Devavani, explicada adiante.

Sozinho ou em grupo, feche os olhos e comece a dizer sons sem sentido — *gibberish*. Durante quinze minutos, entre totalmente no *gibberish*. Expresse tudo o que precisa ser expresso dentro de você; jogue tudo fora. A mente sempre pensa em termos de palavras, e o *gibberish* ajuda a quebrar esse padrão de verbalização contínua. Sem suprimir seus pensamentos, você pode jogá-los fora — pelo *gibberish*. Deixe que, da mesma maneira, seu corpo seja expressivo.

Depois, durante quinze minutos, deite-se com a barriga para baixo e sinta como se você estivesse se fundindo com a mãe terra. A cada expiração, sinta que você está se fundindo com o chão sob você.

Deus é uma estratégia para ajudá-lo a orar. Uma vez que tenha aprendido a orar, esqueça-se de tudo sobre Deus. A prece já é suficiente por si mesma — mais do que suficiente.

PRECE

Não há ninguém que escute as suas preces. Sua prece é simplesmente um monólogo; você está orando para o céu vazio. Ninguém irá recompensá-lo pelas suas preces — lembre-se disso. Se você realmente souber o que é prece, a prece em si é a própria recompensa. Não há ninguém para recompensá-lo; a recompensa não está no futuro, na vida após a morte.

Mas a própria prece é um fenômeno tão belo que quem se importa com o futuro e com recompensas? A ideia de recompensa é ganância. Em si mesma, a prece é uma grande celebração; ela traz uma alegria e um êxtase tão incríveis que a pessoa ora por amor à própria oração. A pessoa não ora a partir do medo ou da ambição, mas porque gosta de orar. Ela nem se importa se Deus existe ou não.

Se você gosta de dançar, não pergunta se Deus existe ou não. Se você gosta de dançar, simplesmente dança e não se importa se alguém está ou não vendo a sua dança do céu; se as estrelas, o Sol ou a Lua irão recompensá-lo por sua dança. Em si mesma, a dança é recompensa suficiente. Se você gosta de cantar, você canta; o importante não é saber se alguém escuta ou não.

E assim é a prece. Ela é uma dança, é uma canção, é música, é amor. Você gosta dela, e isso basta. A prece é o meio, a prece é o fim. O fim e o meio não estão separados — somente então você sabe o que é prece.

Quando digo prece, quero dizer uma abertura em direção a Deus. Não que você deva dizer alguma coisa, não que você deva pedir alguma coisa, mas apenas uma abertura, de tal modo que, se Ele desejar lhe dar alguma coisa, você estará à disposição. Uma profunda expectativa, mas sem nenhum desejo — é disso que você precisa. Uma expectativa urgente — como se alguma coisa fosse acontecer a qualquer momento. Você está excitado pela possibilidade do desconhecido acontecer, mas não tem nenhum desejo. Você não diz que isso deveria acontecer ou que aquilo não deveria acontecer. Quando você pede, a prece se corrompe.

Quando você não pede, quando permanece simplesmente em silêncio, mas aberto, disposto a ir a qualquer lugar, pronto até mesmo para morrer; quando você está simplesmente receptivo, num espírito passivo e acolhedor, então a prece acontece.

A prece não é algo que a pessoa possa fazer — ela nada tem a ver com o fazer. Ela não é uma ação ou uma atividade — ela é um estado de espírito

Se você quiser falar, fale, mas lembre-se: sua fala não irá afetar a existência. Ela irá afetar você, e isso pode ser bom, mas a prece não mudará a mente de Deus. Ela pode transformar você, mas, se não o transformar, então ela é uma trapaça. Você pode orar por anos, mas, se ela não o transforma, abandone-a, jogue-a fora, não a carregue mais; ela é lixo.

A prece não mudará Deus. Você sempre acha que, se orar, a mente de Deus mudará: Ele o favorecerá, "puxará a sardinha para o seu lado". Não há ninguém que o esteja escutando. Este vasto céu não pode escutá-lo, mas pode estar com você se você estiver com ele — não existe outra maneira de orar.

Também sugiro que você ore, mas a prece deveria ser apenas um fenômeno de energia, e não uma devoção, e não um fenômeno ligado a Deus.

MEDITAÇÃO DA PRECE

É melhor fazer esta prece à noite, num quarto escuro, indo dormir imediatamente depois. Você também pode fazê-la pela manhã, mas, nesse caso, fique em repouso durante os quinze minutos seguintes. Esse repouso é necessário, ou você se sentirá como se estivesse embriagado, em estupor.

Este dissolver-se com a energia é a prece. Ela o transforma; e, quando *você* se transforma, toda a existência se transforma.

Erga ambas as mãos em direção ao céu, as palmas para cima, a cabeça erguida, apenas sentindo a existência fluir em você. Quando a energia descer em seus braços, você sentirá um suave tremor. Seja como uma folha balançando com a brisa. Libere-o, ajude-o, deixe todo o seu corpo vibrar com a energia e deixe acontecer tudo o que tiver de acontecer.

Você sente novamente um fluir com a terra. Terra e céu, acima e abaixo, *yin* e *yang*, masculino e feminino — você flui, se funde e se abandona completamente. O ego não está presente, e você fica integrado, unificado.

Após dois ou três minutos, ou quando você se sentir completamente preenchido, curve-se em direção à terra e a beije. Você simplesmente se torna um veículo pelo qual a energia divina pode se unir com a da terra.

Esses dois estágios têm de ser repetidos mais seis vezes, de tal modo que cada um de seus centros de energia possa ser desbloqueado. Pode ser feito mais vezes, mas se fizer menos, você ficará inquieto e não conseguirá dormir.

Entre no sono nesse estado de prece. Caia no sono e a energia estará presente. Você fluirá com ela e adormecerá. Isso ajudará imensamente, porque então a energia o circundará por toda a noite e continuará a circular. Pela manhã, você se sentirá mais renovado e revitalizado do que jamais se sentiu antes. Um novo ímpeto, uma nova vida começará a invadi-lo, e durante o dia inteiro você se sentirá repleto de uma nova energia, de uma nova vibração, de uma nova canção em seu coração e de uma nova dança em seus pés.

LATIHAN

Fique em pé, numa postura descontraída, e espere que Deus, o todo, atue em você. Então, num estado de ânimo profundamente devocional, permita que o corpo flua — "Seja feita a Sua vontade" — e relaxe.

É como a psicografia: a pessoa segura a caneta na mão, espera e, subitamente, uma energia possui a mão e ela começa a se movimentar. A pessoa se surpreende — sua própria mão está se movendo e não é ela que está fazendo isso! Espere exatamente dessa maneira e, depois de três ou quatro minutos, de repente perceberá alguns impulsos acontecendo em seu corpo, e a energia descendo em você. Não tenha medo, porque isso é muito surpreendente. Você não está fazendo o movimento; na verdade, você é apenas uma testemunha, e está acontecendo por si.

Deixe acontecer. O corpo começará a assumir muitas posturas — movendo-se, dançando, balançando, tremendo, chacoalhando; muitas coisas acontecerão. Continue a permitir, e não apenas a permitir, mas a cooperar. Então você chegará exatamente ao que chamamos de *Sahaj Yoga*.

O *latihan* não é algo novo, mas a palavra é nova. *Subud* não é algo novo, mas apenas uma nova versão de *Sahaj Yoga* — yoga espontânea. Deixe tudo para o divino, porque a mente é cheia de truques. Logo perceberá a diferença, porque você será apenas um observador. Você ficará surpreso, pois sua mão se moverá e você absolutamente não a estará movendo. Após alguns dias relaxando nessa experiência, mesmo se você quiser parar, de repente não conseguirá; você perceberá que está possuído.

Assim, a pessoa precisa fazer uma prece no começo e dizer: "Durante vinte minutos, tome posse de meu ser e faça o que quiser fazer —

'Seja feita a sua vontade; que venha o Seu reino'". Deixe que essa atitude esteja presente e apenas relaxe. Deus começará a dançar em você e tomará muitas posturas. As necessidades do corpo serão satisfeitas, mas não somente isso — algo mais elevado do que o corpo, maior do que o corpo, algumas necessidades profundas da consciência serão satisfeitas.

MEDITAÇÃO GOURISHANKAR DE OSHO
— *a meditação da noite*

Esta técnica consiste em quatro estágios de quinze minutos cada. Os primeiros dois estágios preparam o meditador para o latihan *espontâneo do terceiro estágio. Osho disse que, se a respiração for feita corretamente no primeiro estágio, o dióxido de carbono na corrente sanguínea fará com que você se sinta tão elevado como o* Gourishankar *(Monte Everest).*

Primeiro estágio: quinze minutos

Sente-se com os olhos fechados e inspire profundamente pelo nariz, enchendo completamente os pulmões; então, prenda a respiração o mais que puder. Depois, expire gentilmente pela boca todo o ar dos pulmões, prendendo novamente a respiração e mantendo-os vazios pelo maior tempo possível. Continue esse ciclo respiratório durante todo o primeiro estágio.

Segundo estágio: quinze minutos

Volte à respiração normal e olhe gentilmente a chama de uma vela ou uma luz estroboscópica azul. Mantenha o corpo imóvel.

Terceiro estágio: quinze minutos

Com os olhos fechados, levante-se e deixe o corpo solto e receptivo. Você sentirá energias sutis movendo seu corpo, fazendo-o sair do seu controle normal. Deixe que o latihan *aconteça. Não provoque os movimentos, mas deixe-os acontecer, gentil e graciosamente.*

Quarto estágio: quinze minutos
Deite-se com os olhos fechados, em silêncio e imóvel.

Os três primeiros estágios devem ser acompanhados por uma batida rítmica, preferencialmente combinada com uma música suave de fundo. A batida deve ser sete vezes mais rápida do que a batida normal do coração e, se possível, a luz estroboscópica deve estar sincronizada com ela.

Toda meditação é espera, toda prece é paciência infinita. Como um todo, a religião consiste em não permitir que a mente crie mais problemas para você.

Se você disser para a mente esperar, a meditação acontecerá. Se você puder persuadir a mente a esperar, estará em prece, porque esperar significa não pensar, significa sentar-se à margem do rio sem nada fazer com a corrente. O que você pode fazer? Tudo o que você fizer tornará a água mais lamacenta. Entrar no rio criará mais problemas; portanto, espere.

MEDITAÇÃO DEVAVANI

Devavani significa a *"voz divina"* que se move e que fala através daquele que medita. Este se torna um recipiente vazio, um canal. Esta meditação é um *latihan* da língua. Ela relaxa a mente consciente tão profundamente que, quando feita logo antes de dormir, certamente promove um sono profundo. Ela tem quatro estágios de quinze minutos cada. Mantenha os olhos fechados o tempo todo.

Primeiro estágio: quinze minutos
Sente-se em silêncio, de preferência ouvindo uma música suave.

Segundo estágio: quinze minutos
Comece a pronunciar sons suaves e sem sentido, por exemplo "la...la...la...", e continue até que surjam sons desconhecidos que lembrem palavras. Esses sons precisam vir da parte não familiar do cérebro, usada pelas crianças antes de aprenderem a falar. Mantenha uma entonação como a de uma conversa amena; não chore, não grite, não ria, não esbraveje.

Terceiro estágio: quinze minutos
Fique em pé e continue a falar, deixando que o corpo se mexa suavemente em harmonia com os sons. Se o seu corpo estiver relaxado, energias sutis criarão um latihan *fora do seu controle.*

Quarto estágio: quinze minutos
Deite-se, fique em silêncio e imóvel.

É preciso lembrar que esses sons ou palavras não devem ser de nenhuma língua que você conheça. Se você sabe inglês, alemão e italiano, então evite que sejam em italiano, alemão ou inglês. Pode ser em qualquer outra língua que você não conheça — tibetano, chinês, japonês! Mas, se você souber japonês, então não pode. Fale qualquer língua que você não conheça. No primeiro dia, você hesitará por alguns segundos, pois como você pode falar uma língua que não conhece? Mas isso é possível e, uma vez que comece, acontecerá qualquer som, qualquer palavra sem sentido, apenas para desligar o consciente e permitir que o inconsciente fale.

Quando o inconsciente fala, ele não conhece nenhuma linguagem. Esse é um método muito antigo, vem do Velho Testamento e é chamado de glossolalia. Algumas igrejas ainda o usam. Elas o chamam de "falar em línguas". E ele é um método maravilhoso, um dos mais profundos e penetrantes.

Não se agite; deixe que aconteça uma profunda energia reconfortante, benéfica, como uma canção. Desfrute, mexa o corpo e, se sentir vontade, dance. Mas você deve se lembrar de que tudo precisa ser muito gracioso. A meditação não deve se tornar catártica.

AMOR

Meditação é entrar no coração, e, quando você entra no coração, surge o amor. O amor sempre sucede a meditação, e o contrário também é verdadeiro. Se você amar, a meditação surgirá. Eles caminham juntos; são um só tipo de energia, e não dois. Medite e será uma pessoa repleta de amor; você terá um grande amor fluindo à sua volta e transbordará amor. Ou comece amando e descobrirá a qualidade da consciência chamada de meditação, em que os pensamentos desaparecem, em que os pensamentos não mais anuviam o seu ser, em que a névoa de sono que o circunda deixa de existir — a manhã chegou, você está desperto, tornou-se um buda.

Existem duas formas de descoberta: uma é por meio da meditação — sem o outro, você procura a profundidade –, a outra é por meio do amor — com o outro, você procura a profundidade.

OS AMORES ILUSÓRIOS DESAPARECERÃO...

Quando você faz uma peregrinação interior, as energias se voltam para dentro, as mesmas energias que estavam se movendo para fora. E, subitamente, você se descobre sozinho como uma ilha. A dificuldade surge porque você não está realmente interessado em se relacionar. Você está mais interessado em ser você mesmo, e todos os relacionamentos parecem uma dependência, uma escravidão. Mas essa é uma fase transitória; não a torne uma atitude permanente. Mais cedo ou mais tarde, quando você se estabelecer novamente dentro de si, você transbordará energia e desejará entrar novamente num relacionamento.

Assim, na primeira vez em que a mente se torna meditativa, o amor parece uma escravidão. E, de certa maneira, isso é verdadeiro, porque uma mente não meditativa não pode realmente amar. Esse amor é falso, é ilusório, mais um encantamento e menos amor. Mas você não tem com o que compará-lo, a menos que o real aconteça. Portanto, quando a meditação começa, o amor ilusório aos poucos se dissipa, desaparece. Um ponto: não desanime. E o segundo ponto: não faça disso uma atitude permanente. Essas são as duas possibilidades.

Se você ficar desanimado porque sua vida amorosa está desaparecendo e se você se apegar a ela, isso se tornará uma barreira para a sua jornada interior. Aceite isso — que agora a energia está procurando um novo caminho e que, por alguns dias, você não estará disponível para o movimento exterior, para as atividades.

Se alguém que for um criador começar a meditar, toda a criatividade desaparecerá por um tempo. Se você for pintor, de repente não se achará na pintura. Você pode continuar, mas, aos poucos, não terá energia nem entusiasmo. Se você for um poeta, a poesia cessará. Se você estava amando, essa energia simplesmente desaparecerá. Se você tentar se forçar a entrar num relacionamento, a ser o seu antigo eu, esse esforço será muito perigoso. Você estará fazendo algo contraditório: por um lado está tentando entrar em si mesmo e por outro lado está tentando sair.

É como se você estivesse dirigindo um carro pisando no acelerador e, ao mesmo tempo, pisando na freio. Isso pode provocar um desastre, pois está fazendo duas coisas opostas ao mesmo tempo.

A meditação é contrária apenas ao falso amor. O falso desaparecerá, e essa é a condição básica para o real aparecer. O falso tem de ir embora, tem de desocupar o espaço completamente; somente então você estará disponível para o real.

O segundo ponto, que também é um grande perigo, é que você possa fazer disso um estilo de vida. Isso aconteceu com muitas pessoas.

Elas estão nos mosteiros — monges antiquados, religiosos ortodoxos que fizeram da ausência de relacionamentos amorosos um estilo de vida. Eles acham que o amor é contra a meditação e que a meditação é contra o amor — isso não é verdade. A meditação é contra o falso amor, mas totalmente a favor do verdadeiro amor.

Uma vez sereno, uma vez que chegou onde tinha de chegar, que chegou ao âmago de seu ser, à sua base, então você está centrado. De repente a energia está disponível, mas agora não há para onde ir. A jornada exterior cessou quando você começou a meditar, e agora a jornada interior também está completa. Você se estabilizou, chegou em casa repleto de energia, como um grande reservatório — o que você fará agora?

A energia começará a transbordar. Esse é um tipo de movimento totalmente diferente, sua qualidade é diferente, porque não tem motivação. Antes você se movia em direção aos outros com uma motivação; agora não há nenhuma motivação. Você simplesmente se moverá em direção aos outros por ter muito a compartilhar.

Antes você se movia como um mendigo; agora está se movendo como um imperador. Não que você esteja esperando que os outros lhe deem alguma felicidade — esta você já tem. Agora a felicidade é muita. A nuvem está carregada e gostaria de se despejar, a flor está tão repleta que gostaria de se deslocar com os ventos como fragrância e ir aos mais distantes recantos do mundo. Trata-se de um compartilhar. Um novo tipo de relacionamento começou a acontecer. Chamá-lo de relacionamento não está certo, porque não se trata mais de um relacionamento; em vez disso, trata-se de um estado de ser. Não que você ame; você é amor.

IRRADIE AMOR

Pratique o amor. Ao sentar-se sozinho em seu quarto, seja amoroso, irradie amor, preencha todo o quarto com sua energia de amor. Sinta-se vibrando com uma nova frequência, sinta-se balançando como se você estivesse no oceano de amor. Crie vibrações de energia amorosa à sua volta e, imediatamente, começará a sentir que algo está acontecendo — algo em sua aura está mudando, algo à volta de seu corpo está mudando, um calor humano está surgindo à volta de seu corpo... como um profundo orgasmo. Você está ficando mais vivo. Algo como o sono está desaparecendo; algo como a percepção está surgindo. Embale-se nesse oceano, dance, cante e deixe que todo o seu quarto esteja repleto de amor.

No começo, isso parecerá muito estranho. Quando pela primeira vez você conseguir preencher seu quarto com energia amorosa, com sua própria energia, que continua caindo e ricocheteando em você, deixando-o muito feliz, você começa a sentir: "Estou me hipnotizando? Estou iludido? O que está acontecendo?" Porque você sempre achou que o amor vem de outra pessoa. É preciso uma mãe para amar você, um pai, um irmão, um marido, uma esposa, um filho... mas alguém.

O amor que depende de uma outra pessoa é um amor pobre. O amor criado dentro de você, o amor que você cria a partir de seu próprio ser, é a energia verdadeira. Então, vá seja aonde for com esse oceano circundando-o e sentirá que todos que se aproximam de você ficam, de repente, com um tipo diferente de energia.

As pessoas olharão para você com os olhos mais abertos. Você passará por elas e elas sentirão que uma brisa de alguma energia desconhecida passou por elas e se sentirão mais renovadas. Segure a mão de alguém e todo o corpo dessa pessoa começará a vibrar. Fique próximo de alguém, e essa pessoa começará a se sentir muito feliz sem nenhuma razão; você pode observar isso. Você está pronto para compartilhar. Então, encontre um companheiro ou uma companheira amorosa, descubra a receptividade certa para você.

Para as pessoas que nunca amaram, a meditação é muito, muito difícil.

DISSOLVA-SE NO OUTRO

Osho ensinou esta meditação para casais cujo relacionamento lhes parece estagnado — cujas energias precisam se soltar e se fundir.

À noite, sentem-se olhando um para o outro, segurando as mãos um do outro. Durante dez minutos, olhem-se nos olhos e, se seus corpos começarem a se mover e a balançar, deixem que isso aconteça. Vocês podem piscar os olhos, mas continuem a olhar nos olhos do outro e continuem com as mãos unidas, não importa o que aconteça. Isso não pode ser esquecido.

Após dez minutos, fechem os olhos e deixem que o balanço do corpo continue durante mais dez minutos. Depois, fiquem em pé e balancem o corpo juntos, segurando as mãos um do outro durante mais dez minutos. Isso unirá profundamente a energia de vocês.

É preciso um pouco mais de fusão... dissolvam-se um no outro.

ENTREGUE-SE AO AMOR

Num relacionamento amoroso, você tem de ser possuído — em vez de tentar possuir. Num relacionamento amoroso, é preciso se entregar e não insistir em observar quem está obtendo vantagem. Portanto, pare de pensar. Sempre que você se pegar pensando, agarre a si mesmo e dê uma boa sacudida na sua cabeça — uma sacudida de verdade, para que tudo dentro dela vire de pernas para o ar. Faça disso um hábito constante e, dentro de algumas semanas, perceberá que essa sacudida ajuda. Subitamente você fica mais consciente.

Nos mosteiros *zen*, o mestre anda com um bastão, e sempre que percebe algum discípulo devaneando, pensando, com sonhos flutuando diante dos olhos, imediatamente ele bate com força na cabeça do discípulo. Isso é como um choque que passa pela espinha e, numa fração de segundo, o pensamento para e, de repente, surge a consciência.

Não posso seguir você com um bastão. Dê a si mesmo um safanão bem dado, e mesmo se pessoas acharem que você é um pouco louco, não se preocupe. Só existe uma loucura, e essa é a da mente. Pensamento demais é a única loucura, e tudo o mais é belo. A mente é a doença.

Se a meditação acontecer, fatalmente o amor acontecerá. Se o amor não acontecer, isso simplesmente demonstrará que a meditação ainda não aconteceu.

DEIXE O ATO AMOROSO ACONTECER NATURALMENTE

Antes de vocês iniciarem um ato amoroso, sentem-se em silêncio durante quinze minutos e segurem a mão um do outro. Sentem-se no escuro ou sob uma luz fraca e sintam um ao outro, sintonizem-se. A maneira de fazer isso é respirarem juntos. Quando você expira, a outra pessoa expira; quando você inspira, a outra inspira. Em dois ou três minutos, vocês podem entrar em harmonia. Respirem como se fossem um só organismo — não dois corpos, mas um só. E olhem-se nos olhos, não com um olhar agressivo, mas muito suavemente. Deem-se o tempo suficiente para curtirem um ao outro, brinquem com o corpo do outro.

Não comecem o ato sexual a menos que o momento surja por si mesmo. Não que vocês façam amor, mas, subitamente, se percebem fazendo amor. Esperem que isso aconteça; se não acontecer, não há necessidade de forçar; é bom que seja assim. Vão dormir; não há necessidade de terem relações sexuais. Esperem esse momento por um, dois, três dias... um dia virá. E, quando o momento vier, o amor irá muito fundo e não criará a loucura que está criando agora. Ele será uma sensação oceânica muito silenciosa. Mas esperem o momento, não o forcem.

O amor é algo que precisa ser feito como a meditação, é algo que precisa ser acalentado, saboreado muito lentamente, de tal modo que inunde profundamente o seu ser e se torne uma grande experiência de possessão a ponto do ego não estar mais presente. Não é que vocês estejam fazendo amor — vocês são amor. O amor se torna uma energia maior à sua volta, ele transcende os dois... ambos se dissolvem nele. Mas, para isso, vocês terão de esperar.

Esperem o momento e logo pegarão o jeito. Deixem que a energia se acumule e deixem que aconteça espontaneamente. Aos poucos vocês ficarão conscientes de quando o momento surge, começarão a perceber os sintomas dele, os pré-sintomas, e não haverá dificuldade.

O amor é como Deus — você não pode manipulá-lo. Ele acontece quando acontece. Se ele não estiver acontecendo, não há com o que se preocupar.

DEIXE DE SE ENGANAR

Testemunhar é a fonte básica. Mas, se você não estiver tentando ser uma testemunha em outros atos da vida, é difícil ser uma testemunha no ato sexual. Portanto, tente ser uma testemunha o dia inteiro, senão você se iludirá. Se você não conseguir ser uma testemunha enquanto estiver caminhando na rua, não tente enganar a si mesmo — você não conseguirá ser uma testemunha enquanto estiver fazendo amor. Se você não puder ser uma testemunha num processo tão simples como andar na rua — você fica inconsciente –, como poderá ser uma testemunha enquanto estiver fazendo amor? O processo é tão profundo... você cairá na inconsciência.

Se você cai na inconsciência enquanto caminha na rua, se mesmo por alguns segundos não for capaz de se lembrar, tente isto enquanto estiver andando: "Eu me lembrarei, estou caminhando, estou caminhando, estou caminhando". Mas, depois de alguns segundos, você se esquecerá, alguma outra coisa surgirá na sua mente. Você seguiu em outra direção e se esqueceu completamente. E subitamente você se lembra: "Eu me esqueci". Assim, se num ato tão simples como caminhar você não consegue ficar consciente, será difícil fazer do amor uma meditação consciente.

Portanto, tente com coisas simples, com atividades simples. Enquanto estiver comendo, tente ficar consciente; enquanto estiver andando, tente ficar consciente; enquanto estiver conversando, escutando, tente ficar consciente. Tente de todas as formas. Deixe que isso se torne um constante martelar interior, deixe que todo o seu corpo e mente saibam que você está se esforçando para ficar alerta. Somente então, um dia, o testemunhar acontecerá no amor. E, quando ele acontece, o êxtase aconteceu a você — o primeiro vislumbre do divino desceu sobre você.

Em O livro dos segredos, *Osho descreve muitas técnicas tântricas de meditação e do testemunhar durante o ato amoroso.*

A meditação não é importante para um buda, para aquele que atingiu a totalidade de seu ser. A meditação é um remédio; ela precisa ser descartada. A menos que você consiga descartar sua meditação, você não é saudável. Então, lembre-se: a meditação não é algo a ser carregado para sempre. Chegará o dia em que a meditação funcionou e não é mais necessária. Então, você poderá esquecê-la.

> A meditação é a única maneira de superar a si mesmo, a única maneira de transcender a si mesmo.

O ÚNICO CAMINHO

Toda busca é inútil. A busca é um subproduto da mente. Estar num estado de ausência de busca é o grande momento de transformação.

Todas as meditações que estamos fazendo aqui são apenas preparações para esse momento. Elas não são meditações de verdade, mas apenas preparações para que, um dia, você possa simplesmente sentar sem fazer nem desejar nada.

NÃO EXISTE NENHUM ATALHO

Uma coisa precisa ser lembrada sobre a meditação: ela é uma longa jornada e não existe nenhum atalho. Quem lhe disser que existe atalho estará enganando você.

Ela é uma longa jornada porque a mudança é muito profunda e é realizada depois de muitas vidas — muitas vidas de rotina, de hábitos, de pensar, de desejar. E, por meio da meditação, você precisa abandonar a estrutura da mente. Na verdade, isso é praticamente impossível, mas acontece.

Tornar-se um meditador é a maior responsabilidade do mundo. Não é fácil, não pode ser instantâneo. Assim, desde o começo, nunca espere muito e, então, nunca ficará frustrado. Você sempre ficará feliz, porque as coisas se desenvolverão muito lentamente.

A meditação não é uma flor de estação que acontece no prazo de seis semanas. Ela é uma árvore muito grande que precisa de tempo para espalhar suas raízes.

Quando a meditação floresce, não há ninguém para notá-la, para reconhecê-la, para dizer: "Sim, aconteceu". No momento em que você diz: "Sim, aconteceu", ela já se perdeu.

Quando realmente acontece a meditação, um silêncio penetra...; sem nenhum som, um estado de graça pulsa; sem nenhuma fronteira, existe uma harmonia. Mas não há ninguém para tomar nota disso.

Quando se deixa de lado o esforço, subitamente a meditação se faz presente — a bênção, a graça, a glória da meditação. Ela está ali como uma presença luminosa circundando você e circundando tudo. Ela preenche toda a terra e todo o céu. Essa meditação não pode ser criada pelo esforço humano; o esforço humano é muito limitado. Essa bênção é tão infinita que você não pode manipulá-la.

Ela só poderá acontecer quando você estiver numa profunda entrega. Quando o ego não estiver presente, somente então ela poderá acontecer. Quando você for um não eu, sem desejo, sem ir a nenhum lugar, quando você estiver apenas aqui e agora, sem fazer nada em particular, apenas sendo, ela acontecerá. E ela vem em ondas, e as ondas se tornam marés. Ela vem como uma tempestade e o leva a uma realidade totalmente nova.

MÚSICAS PARA MEDITAÇÃO

Para mim, música e meditação são dois aspectos de um mesmo fenômeno. Sem meditação, a música é simplesmente barulho — harmonioso, mas barulho; sem meditação, a música é um entretenimento.

Sem música, falta algo na meditação; sem música, a meditação é um pouco insípida, sem vida; sem música, a meditação fica cada vez mais negativa e tende a ser orientada pela morte.

MEDITAÇÕES DE **OSHO** – www.osho.com/meditation
Um website abrangente, escrito em várias línguas, que inclui instruções em vídeo sobre cada MEDITAÇÃO ATIVA DE **OSHO** e uma seção com as perguntas mais frequentes sobre meditação.

MEDITAÇÕES ATIVAS DE **OSHO** – CDS DE MÚSICA
Músicas específicas que servem de base para algumas das meditações ativas descritas neste livro foram compostas sob a orientação do próprio Osho. Além de facilitarem a prática, a sua duração determina o tempo de cada estágio dessas meditações. Pode-se encontrar detalhes sobre a venda desses CDs no *site* www.osho.com/shop, no *site* da gravadora e, no Brasil, no *site* do Instituto Osho Brasil.

MEDITAÇÃO DINÂMICA DE OSHO
A Dinâmica é a popular meditação da manhã para o ser humano contemporâneo, contendo respiração rápida e profunda e catarse.
www.newearthrecords.com ou www.oshobrasil.com.br

MEDITAÇÃO KUNDALINI DE OSHO
A Kundalini é uma das técnicas de meditação do Osho mais populares e potentes. Ela envolve chacoalho, dança e imobilidade.
www.newearthrecords.com ou www.oshobrasil.com.br

MEDITAÇÃO NATARAJ DE OSHO
Nataraj é dança total como meditação. "Deixe que a dança flua espontaneamente, não a force. Em vez disso, siga-a, deixe que ela aconteça. Ela não é um fazer, mas um acontecer... Você está apenas brincando com sua energia de vida, com sua bioenergia, deixando que ela se mova por si mesma."
www.newearthrecords.com ou www.oshobrasil.com.br

MEDITAÇÃO NADABRAHMA DE OSHO
Esta meditação baseia-se na antiga técnica tibetana do *humming*, a qual produz uma agradável vibração em todo o corpo, e movimentos das mãos que centram a energia na região do umbigo.
www.newearthrecords.com ou www.oshobrasil.com.br

MEDITAÇÃO GOURISHANKAR DE OSHO
Esta meditação inclui uma poderosa técnica de respiração, um suave fluir de sua energia e um profundo e consciente repouso.
www.newearthrecords.com ou www.oshobrasil.com.br

MEDITAÇÃO DO RODOPIO DE OSHO
Esta é uma antiga técnica sufi. Enquanto todo o seu corpo está se movendo, você pode testemunhar o centro silencioso e imóvel do seu ser.
www.newearthrecords.com ou www.oshobrasil.com.br

SOBRE **OSHO**

Osho desafia categorizações. Suas milhares de palestras abrangem desde a busca individual por significado até os problemas sociais e políticos mais urgentes que a sociedade enfrenta hoje. Seus livros não são escritos, mas transcrições de gravações em áudio e vídeo de palestras proferidas de improviso a plateias de várias partes do mundo. Em suas próprias palavras, "Lembrem-se: nada do que eu digo é só para você... Falo também para as gerações futuras".

Osho foi descrito pelo *Sunday Times*, de Londres, como um dos "mil criadores do século XX", e pelo autor americano Tom Robbins como "o homem mais perigoso desde Jesus Cristo". O *jornal Sunday Mid-Day*, da Índia, elegeu Osho – ao lado de Buda, Gandhi e o primeiro-ministro Nehru – como uma das dez pessoas que mudaram o destino da Índia.

Sobre sua própria obra, Osho afirmou que está ajudando a criar as condições para o nascimento de um novo tipo de ser humano. Muitas vezes, ele caracterizou esse novo ser humano como "Zorba, o Buda" – capaz tanto de desfrutar os prazeres da terra, como Zorba, o Grego, como de desfrutar a silenciosa serenidade, como Gautama, o Buda.

Como um fio de ligação percorrendo todos os aspectos das palestras e meditações de **OSHO**, há uma visão que engloba tanto a sabedoria perene de todas as eras passadas quanto o enorme potencial da ciência e da tecnologia de hoje (e de amanhã).

Osho é conhecido pela sua revolucionária contribuição à ciência da transformação interior, com uma abordagem de meditação que leva em conta o ritmo acelerado da vida contemporânea. Suas singulares meditações ativas OSHO têm por objetivo, antes de tudo, aliviar as tensões acumuladas no corpo e na mente, o que facilita a experiência da serenidade e do relaxamento, livre de pensamentos, na vida diária.

Dois trabalhos autobiográficos do autor estão disponíveis:

Autobiografia de um Místico Espiritualmente Incorreto, publicado por esta mesma Editora.

Glimpses of a Golden Childhood [Vislumbres de uma Infância Dourada].

OSHO INTERNATIONAL MEDITATION RESORT

Localização
Localizado a cerca de 160 quilômetros a sudeste de Mumbai, na florescente e moderna cidade de Puna, Índia, o **OSHO** International Meditation Resort é um destino de férias diferente. Estende-se por 28 acres de jardins espetaculares numa bela área residencial cercada de árvores.

OSHO Meditações
Uma agenda completa de meditações diárias para todo tipo de pessoa, segundo métodos tanto tradicionais quanto revolucionários, particularmente as Meditações Ativas **OSHO**®. As meditações acontecem no Auditório **OSHO**, sem dúvida o maior espaço de meditação do mundo.

OSHO Multiversity
Sessões individuais, cursos e *workshops* que abrangem desde artes criativas até tratamentos holísticos de saúde, transformação pessoal, relacionamentos e mudança de vida, meditação transformadora do cotidiano e do trabalho, ciências esotéricas e abordagem "Zen" aos esportes e à recreação. O segredo do sucesso da **OSHO** Multiversity reside no fato de que todos os seus programas se combinam com a meditação, amparando o conceito de que nós, como seres humanos, somos muito mais que a soma de nossas partes.

OSHO Basho Spa
O luxuoso Basho Spa oferece, para o lazer, piscina ao ar livre rodeada de árvores e plantas tropicais. Jacuzzi elegante e espaçosa, saunas, academia, quadras de tênis... tudo isso enriquecido por uma paisagem maravilhosa.

Cozinha
Vários restaurantes com deliciosos pratos ocidentais, asiáticos e indianos (vegetarianos) – a maioria com itens orgânicos produzidos especialmente para o Resort **OSHO** de Meditação. Pães e bolos são assados na própria padaria do centro.

Vida noturna
Há inúmeros eventos à escolha – com a dança no topo da lista! Outras atividades: meditação ao luar, sob as estrelas, shows variados, música ao vivo e medi-

tações para a vida diária. Você pode também frequentar o Plaza Café ou gozar a tranquilidade da noite passeando pelos jardins desse ambiente de contos de fadas.

Lojas

Você pode adquirir seus produtos de primeira necessidade e toalete na Galeria. A **OSHO** Multimedia Gallery vende uma ampla variedade de produtos de mídia **OSHO**. Há também um banco, uma agência de viagens e um Cyber Café no *campus*. Para quem gosta de compras, Puna atende a todos os gostos, desde produtos tradicionais e étnicos da Índia até redes de lojas internacionais.

Acomodações

Você pode se hospedar nos quartos elegantes da **OSHO** Guesthouse ou, para estadias mais longas, no próprio *campus*, escolhendo um dos pacotes do programa **OSHO** Living-in. Há além disso, nas imediações, inúmeros hotéis e *flats*.

http://www.osho.com/meditationresort
http://www.osho.com/guesthouse
http://www.osho.com/livingin

Para maiores informações: **http://www.OSHO.com**

Um site abrangente, disponível em vários idiomas, que disponibiliza uma revista, os livros de Osho, palestras em áudio e vídeo, **OSHO** biblioteca *on-line* e informações extensivas sobre o **OSHO** Meditação. Você também encontrará o calendário de programas da **OSHO** Multiversity e informações sobre o **OSHO** International Meditation Resort.

Websites:
http://OSHO.com/AllAboutOSHO
http://OSHO.com/Resort
http://OSHO.com/Shop
http://www.youtube.com/OSHOinternational
http://www.Twitter.com/OSHO
http://www.facebook.com/pages/OSHO.International

Para entrar em contato com a **OSHO** International Foundation:
http://www.osho.com/oshointernational
E-mail: oshointernational@oshointernational.com